出版に〔

　第二バチカン公会議が『典礼憲章』第4章において宣言した聖務日課の刷新は、「時課の典礼（Liturgia Horarum）」として結実し、1971年にラテン語規範版初版第1巻が、1972年には第2巻〜第4巻が発行されました。

　日本カトリック典礼委員会は、日本語版を求める声にこたえてただちに作業に着手し、1973年に『教会の祈り——新しい聖務日課』を刊行しました。その際、「時課の典礼」が「神の民みんなの祈りであることを表わす」（初版序文）ため、『教会の祈り』と題されることになりました。また、規範版全4巻の翻訳は「相当の年月を要するため」、賛歌や「読書」で読まれる教父の著作の抜粋などを割愛した「省略版」（全1巻）という形での発行となりました。

　その後、1985年から1987年には、典礼秘跡省より、聖書新ヴルガタ訳に準拠したラテン語規範版第2版が発行されました。初版から50年が経過した日本語版『教会の祈り』も、これに基づいた改訂ならびに全4巻の発行が待たれています。日本カトリック典礼委員会は、遅々とした歩みながら、改訂・編集作業を着実に進めていくために、また同時に「時課の典礼」の研究や普及のために、「時課の典礼の総則」を別冊として発行することがふさわしいと判断しました。

　別冊の発行にあたって、教皇聖パウロ六世の使徒憲章「ラウディス・カンティクム（Laudis canticum）」を新たに訳出し、聖書の引用は『聖書 新共同訳』に、第二バチカン公会議公文書の引用は『第二バチカン公会議公文書 改訂公式訳』に合わせるなど必要最小限の修正を施しました。また、規範版第2版に基づく修正のほか、用字やことば遣いなど一部表現を改めた箇所があります。なお、日本の教会のための変更・適応に関する付記は省略しています。

　本書が、多くの信者の皆様の学びのために、とくに神学教育や信仰養成の場において、カトリック教会の祈りの宝庫である「教会の祈り」（時課の典礼）についての理解を深める貴重な資料となることを願っています。

2023年5月21日 主の昇天の祭日

日本カトリック典礼委員会

委員長　白浜　満

目 次

❖❖❖❖❖❖❖❖❖❖❖❖❖❖❖❖❖**教会の祈りの総則**❖❖❖❖❖❖❖❖❖❖❖❖❖❖❖❖❖

表紙図版
『黒の時禱書』（1480年頃、ブルージュ）の「聖霊の小聖務日課」のページ
（ニューヨーク、モルガン・ライブラリー所蔵）

聖書の引用は原則として日本聖書協会『聖書 新共同訳』（2000 年版）を使用しました。ただし、漢字・仮名の表記は本文に合わせています。

略号

AAS   *Acta Apostolicae Sedis*
CCL   *Corpus Christianorum series Latina*
PG   *Patrologia Graeca*
PL   *Patrologia Latina*
PLS   *Patrologia Latina Supplementum*

第二バチカン公会議の教令に基づいて刷新された
聖務日課を公布する
使徒憲章
ラウディス・カンティクム

司教パウロ
神のしもべたちのしもべ
永久の記念のために

　天の座において永遠に歌われ、大祭司キリスト・イエスによってこの追放の地にもたらされた賛美の歌は、何世紀にもわたり、教会によってさまざまなかたちで、変わることなく忠実に歌い継がれてきた。

　そのため、時課の典礼（Liturgia Horarum）は、特定の時と場所で、司祭が司式する地方教会の祈りとなるよう、少しずつ発展してきた。この祈りは、聖体のいけにえに含まれるあの最高の礼拝を人間生活のさまざまな時間に行き渡らせるために、いわば不可欠の補完するものとなった。

　聖務日課（Officium）の本は、時の経過とともに多くのことが加筆されて次第に豊かになり、それが用いられる聖なる行為にふさわしい道具となった。何世代にもわたり、一人で行う聖務日課の祭儀も含めて、祭儀の形式に多くの変化がもたらされたので、時に「ブレヴィアリウム（Breviarium）」と呼ばれたその本は、多くの形式に適応され、その適応が構成の原理に影響を与えたことがあっても不思議ではない。

　トリエント公会議は、時間の不足から「ブレヴィアリウム」の改訂をなし遂げることはできなかったため、それは使徒座にゆだねられた。1568年にわたしの先任者である聖ピオ五世によって公布された「ブレヴィアリウム・ロマーヌム（Breviarium Romanum）」は、何よりも強く求められていたこと、すなわち、当時失われていた規範的祈りの統一性をラテン教会にもたらした。

　その後、何世紀にもわたって、シスト五世、クレメンス八世、ウルバノ八世、クレメンス十一世、ならびに他の教皇によって、多くの改訂が行われた。

　1911年、聖ピオ十世は、自らの命によって準備された新しい「ブレヴィアリウム」を発表した。週ごとに150の詩編を唱えるという古くからの習慣が刷新され、詩編書（Psalterium）の配分が全面的に見直され、繰り返しがすべて取り除かれ、週日の詩編書と聖書朗読の周期を、聖人の聖務日課と調和させる権限が与えられた。さらに、主日の聖務日課が、ほとんどの聖人の祝日より優先されるよう上位に位置づけられた。

　典礼刷新の作業全体にあらためて着手したのは、ピオ十二世である。ピオ十二世は、個人的に唱える場合も共同で唱える場合も、教皇庁立聖書研究所によって作成された詩編書の新しい翻訳の使用を認め、1947年には、「ブレヴィアリウム」の問題を検討する特別委員会の設置を命じた。1955年には、この問題に関して世界中の全司教が意見を求められた。この作業と創意工夫の最初の成果は、1955年3月23日に公布された典礼注記の簡素化に関する教令や、1960年にヨハネ二十三世によって公布された「コデックス・ルブリカルム（Codex Rubricarum）」の中の「ブレヴィアリウム」に関する規則として現れた。

　教皇ヨハネ二十三世は、典礼改革の一部のみを認めたが、典礼がよりどころとするより根本的な原則にはさらなる探求が必要であることを認識していた。教皇はこの課題を、やがて自身が召集した第二バチカン公会議にゆだねた。その結果、公会議は、典礼全般ととくに時課の祈りに関して、教会史上例がないほど徹底的かつ明瞭に、敬虔かつ大胆に論じたのである。

　第二バチカン公会議の会期中、『典礼憲章』が公布された後、その決定を直ちに発効させることがわたしの関心事であった。

　この目的のために、わたしが設立した典礼憲章実施評議会（Cousilium ad exsequendum Constitutionem de sacra Liturgia）の中に特別委員会が設置された。この委員会は、典礼学、神学、霊性、司牧の分野の学者や専門家の助けを借りて、時課の典礼の新しい本を作るために、7年をかけてきわめて熱心かつ勤勉に作業を行った。

　新しい本全体および各部を構成する原理原則は、全教会の司教と非常に多くの司牧者、修道者、信徒による検討を経て、典礼憲章実施評議会と、1967年に開催された世界代表司教会議（Synodus Episcoporum）によって承認された。

　したがって、ここで時課の典礼の新しい原則と構成について、個別に説明することは役に立つであろう。

　1.　『典礼憲章』によって求められているように、今日、使徒職に携わる司祭が置かれている生活状況が考慮されている。

　祈りは神の民全体の祈りであるので、聖職者だけでなく、修道者はもちろん信徒も参加することができるよう、この聖務日課は整えられ準備されている。異なる位階と人々の身分、またこの人々の特別の必要を考慮して、さまざまな祭儀の形が採用されており、こうして人々の生活と召命に応じて、時課の典礼に専念する多様なグループに祈りを適応させることができる。

　2.　時課の典礼は一日を聖化するものなので、定刻の時課が、現代の人々が暮らす一日の時間の性格にいっそう容易に関連づけられるよう、祈りの構成が再検討された。

　それゆえ、1時課は廃止される。朝の祈りである賛課と晩課は、聖務日課全体のいわば枢軸、主要時課とされ、真に朝の祈りと晩の祈りの性格をもつようになった。読書は、徹夜課を祝う人々のために夜課の性格を保つが、一日のいずれの時間にも適応させることができる。他の時課については、昼の祈りは、3時課、6時課、9時課の中から一つの時課を選ぶ者が、複数の週に配分された詩編書の周期から何も省かずに、それを行う当日の時刻に合わせることができるようになっている。

　3.　聖務日課を祝う際に、心が声にいっそう容易に一致し、時課の典礼が真に「信仰心の源泉であり個人の祈りの糧」[1]となるよう、時課の典礼の新しい本では、日々の義務がかなり減らされているが、式文の種類は大幅に増やされ、表題、先唱句、詩編祈願、必要に応じて守られる沈黙の時間など、詩編を黙想するための多くの助けが提供されている。

　4.　公会議の決定[2]に従い、詩編書が準備された。週単位の周期が廃止され、

1　第二バチカン公会議『典礼憲章』90（*Sacrosanctum Concilium*）。
2　同91。

わたしが手掛けた聖書の新たに認められた翻訳版によって4週間に配分された。この新しい詩編の配分では、いくつかの詩編と節のうち残酷な内容のものが省かれているが、これは、国語で執り行われる祭儀で生じる困難をとくに考慮したものである。さらに、朝の祈りには、旧約聖書から取られた新しいいくつかの歌が追加され、その霊的な豊かさを増している。晩の祈りでも、新約聖書から歌が取り入れられ、美しい輝きを与えている。

5.　聖書から選ばれた新しい朗読配分は、ミサで読まれる朗読配分と調和するように作られ、神のことばの宝庫がいっそう豊かに開かれている。

これらの朗読箇所は、全体としていわば主題の一致を示し、1年を通して救いの歴史の主要な出来事を明らかにするよう選ばれている。

6.　公会議によって定められた規則に従い、聖なる教父たちと教会著作家の作品から行われる日々の朗読は、キリスト教の作者の作品、とりわけ聖なる教父たちの作品の中でもっとも優れたものが提供されるよう刷新された。さらに、これらの著作家の霊的な富がいっそう豊かに与えられるよう任意で用いる別の朗読書が準備されると、それによっていっそう豊かな実りを得ることができるであろう。

7.　歴史的真実と適合しないものは、時課の典礼の本からすべて省かれている。この点で、とくに聖人言行録の朗読は、個々の聖人の霊的な姿と教会生活にもたらした意義が表され、それに光を当てるよう改訂されている。

8.　朝の祈りに共同祈願（Preces）が追加された。これにより、一日が聖化され、その日の働きを始めるための祈りがささげられる。また、晩の祈りには、共同祈願の形式で整えられた短い嘆願の祈りがある。

主の祈りは、このような共同祈願の結びに戻されている。主の祈りはミサの中でも唱えるので、この祈りを一日に3回唱える初期キリスト教の方法を、現代に取り戻すこととなった。

こうして、聖なる教会の祈りは、その非常に古い伝統に沿って、また現代の

必要を考慮して改訂され、全面的に刷新された。そこで何よりも求められているのは、この祈りが、キリスト者の祈り全体の奥深くまで浸透し、力を与え、導き、表現し、神の民の霊的生活を効果的に養うことである。

　それゆえわたしは、わたしたちの主イエス・キリストがご自分の教会に命じた「たえず」祈るように [3] との感覚が取り戻されると確信している。季節に合わせてまとめられた時課の典礼の本は、祈りをたえず支え、助けるようになっており、この祈りの実践は、とくにある共同体がそれを目的に集まるとき、祈る教会の真の本性を表し、そのすばらしいしるしとなるのである。

　キリスト者の祈りは、何よりもまず、キリストが自らに結びつけている、人類共同体全体の祈りである [4]。すなわち、キリストの愛する花嫁の声、キリスト者全体の願いと望み、そして全人類の必要のための嘆願と切なる願いを表す祈りを唱えるとき、一人ひとりはこの祈りに参与し、祈りは一つのからだに固有のものとなる。

　ところで、この祈りの一体性はキリストの心に由来する。なぜなら、わたしたちのあがない主は、「死すべきからだにおいて、嘆願と自己奉献をもって始めた生活が、その神秘体、すなわち教会のうちに、何世紀にもわたって不断に続けられることを」 [5] 望んだからである。こうして、教会の祈りは同時に、「自らのからだとともに御父にささげるキリストの祈り」 [6] である。それゆえ、聖務日課を唱えるとき、自分の声がキリストのうちに響き、キリストの声がわたしたちのうちに響き渡っていることを理解しなければならない [7]。

　わたしたちの祈りのこのような特性をいっそうはっきりと明らかにするためには、時課の典礼が強く求める「聖書に対する愛情のこもった生き生きとした心」 [8] がすべての人のうちに再び育つようにする必要がある。こうして、聖書はまさにすべてのキリスト者の祈りの卓越した源泉となるのである。とくに、救いの歴史における神の働きをたえず物語り告げ知らせる詩編の祈りは、新たな

3　ルカ 18・1、21・36、一テサロニケ 5・17、エフェソ 6・18 参照。

4　第二バチカン公会議『典礼憲章』83 参照。

5　教皇ピオ十二世回勅『メディアトル・デイ（1947 年 11 月 20 日）』2（*Mediator Dei*: AAS 39 [1947], 522）。

6　第二バチカン公会議『典礼憲章』84。

7　聖アウグスティヌス『詩編注解』（*Enarrationes in Psalmos* 85, 1）参照。

8　第二バチカン公会議『典礼憲章』24。

愛情をもって神の民によって受け入れられなければならない。このことは、聖なる典礼の中で歌われるその意味に基づいて、聖職者の間で詩編の理解がいっそう深まり、ふさわしいカテケージスによってすべての信者に伝えられるなら、いっそう容易に実現するであろう。聖書のより豊かな朗読は、ミサだけでなく新しい時課の典礼においても、救いの歴史がたえず思い起こされ、人間生活の中でそれが続いていることが効果的に告げられるようにするのである。

実に、神秘体におけるキリストのいのちは、信者一人ひとりの固有の生活すなわち個人的生活をも完成し、高める。したがって、教会の祈りと個人の祈りとのいかなる対立も避けられるべきであり、両者の関係はさらに強められ拡大されなければならない。念禱（Oratio mentalis）は、朗読、詩編、そして時課の典礼の他の部分から、尽きることのない糧をくみ取らなければならない。聖務日課の唱和は、「総則（Institutio generalis）」で定められているように、祈る人の霊的な状態により合致するリズムと方法が用いられ、祭儀の形式が選ばれることによって、生き生きとした個人の祈りの要求にできるかぎりかなうものでなければならない。聖務日課の祈りが真に個人の祈りになるなら、典礼とキリスト者の生活全体を結びつける関係もいっそう明らかになる。信者の生活全体は、昼であれ夜であれ、毎時毎時が、いわば一つの「レイトゥルギア（leitourgia 公的奉仕）」であり、それによって神と人々への愛の奉仕に自らをゆだねる。こうして、人として生きご自分をささげることによって全人類の生活を聖化したキリストの行いに結ばれる。

時課の典礼は、キリスト教生活に内在するこのもっとも偉大な真理を明確に表現し、効果的に宣言するものである。

このような理由で、時課の祈りは、法によってそれを唱える義務を負わない人も含めて、すべてのキリスト信者に提供されている。

教会から聖務日課を唱えるよう命じられた者は、可能なかぎり本来の時刻を守って、毎日、そのすべてを敬虔に果たさなければならない。また、とりわけ朝の祈りと晩の祈りにしかるべき重要性が与えられなければならない。

聖なる叙階を受け、特別のしかたで祭司キリストのしるしとなる者、また、修道誓願を宣立して神と教会への奉仕に特別に奉献された者は、法を守るだけでなく、内的な卓越性と司牧的・修徳的な価値に動機づけられることを意識して、聖務日課を実践しなければならない。教会の公の祈りは、すべての人にと

って、新しい精神からほとばしるもの、その頭（かしら）に似せて、祈る教会としか言い表すことができない教会のからだ全体の内的必要から生まれるものであることがきわめて望ましい。

　それゆえ、わたしが今、使徒的権威によって承認し、認可し、公布する時課の典礼の新しい本によって、現代の教会の中で神への賛美が、いっそう荘厳に、またいっそう美しく響き渡りますように。この賛美が、天の集いで諸聖人と天使たちによって歌われる賛美と結ばれますように。そして、この追放の地の日々をふさわしく過ごすことによって、あらゆる時代を超えて「玉座に座っているかたと小羊」[9]にささげられるあの完全な賛美に一日も早く加わることができますように。

　わたしは、この時課の典礼の新しい本が出版されたらすぐに使用できることを定める。一方、司教協議会は、この典礼書の国語版の準備に取りかかり、聖座による承認すなわち認証が与えられた後、その全体あるいは一部を使い始めることのできる日、あるいは使用しなければならない日を決定する。祭儀で国語訳の使用が定められた日からは、ラテン語版を使用し続ける者であっても、刷新された時課の典礼のみを用いることとする。

　しかし、高齢や特別な理由から、新しい式次第を守ることが著しく困難な者は、裁治権者の同意を得て、個人で唱える場合に限り、以前に使用していた「ブレヴィアリウム・ロマーヌム」の全体あるいは一部を使用し続けることが許される。

　わたしは、これらの法令や決定が、現在も将来も、不動かつ有効であることを望んでいる。わたしの前任者によって発表された使徒憲章や教令、特別な言及や部分的な修正に値する他の決定があるとしても妨げにはならない。

　ローマ、聖ペトロの傍らにて、教皇在位第 8 年、1970 年 11 月 1 日、諸聖人の祭日に

教皇パウロ六世

9　黙示録 5・13 参照。

教会の祈りの総則

第1章
教会生活における「聖務日課」すなわち「時課の典礼」の重要性

1.　　神の民が公に行う共同の祈りは、教会の主要な務めの一つである。洗礼を受けた者は初代教会のときから、「使徒の教え、相互の交わり、パンを裂くこと、祈ることに熱心であった」（使徒言行録2・42）。使徒言行録は、繰り返しキリスト信者の共同体が心を一つにして祈っていたことを伝えている[1]。

初代教会の証言によると、信者の各自も一定の時刻に祈りに従事していた。さらに、一日が終わって夕暮にともし火をともすころ、あるいは朝早く夜の明けるころ、特定の時間を共同の祈りの時間として定める習慣が、やがて各地に広まった。

時の推移とともに、他の時刻も共同の祈りによって聖化されるようになったが、諸教父は使徒言行録の中に、その兆しを読み取っている。事実そこには、朝の9時（第3時）に祈るために集まった弟子のことが描かれている[2]。また、使徒の頭（かしら）は「祈るため屋上に上がった。昼の十二時（第6時）ごろである」（使徒言行録10・9）。「ペトロとヨハネが、午後三時（第9時）の祈りの時に神殿に上って行った」（同3・1）。「真夜中ごろ、パウロとシラスが賛美の歌を歌って神に祈ってい」た（同16・25）。

2.　　共同で行われていたこのような祈りは、次第に一定の時課の形を取るようになった。朗読も加えられて豊かなものとなったこの「時課の典礼」すなわち「聖務日課」は、おもに賛美と嘆願の祈りであって、キリストとともにささげる教会の祈りであり、また、キリストへの祈りである。

1　使徒言行録1・14、4・24、12・5、12 参照。エフェソ5・19-21 参照。
2　使徒言行録2・1-15 参照。

第1節　キリストの祈り

父に祈るキリスト

3.　　父からその栄光の輝きとして出たみことばが、人類に神のいのちをもたらすために来られたとき、この「新しい永遠の契約の最高の祭司であるキリスト・イエスは、人間性を取り、あらゆる時代を通じて天の住まいにおいて歌われているあの賛歌を、この追放の地にもたらされた」[3]。そのときから神への賛美は、キリストの心の中で、礼拝、償い、執り成しをささげる人間のことばによって歌われることになった。すなわち、新しい人類の頭（かしら）、神と人との仲介者キリストは全人類の名で、また全人類のために、このすべてを父にささげるのである。

4.　　「父と一つ」であり（ヨハネ 10・30 参照）、また世に来られたとき、「わたしは来ました。み心を行うために」（ヘブライ 10・9、ヨハネ 6・38 参照）と述べた神の子は、自ら祈りについて模範を残された。福音書には、祈るキリストの姿がしばしば記されている。父からその使命が示されるとき[4]、使徒を召される前[5]、パンを増やすにあたって神を賛美するとき[6]、山上での変容のとき[7]、耳の聞こえない人、口のきけない人をいやし[8]、ラザロを生き返らせたとき[9]、ペトロから信仰告白を求める前[10]、弟子に祈りを教えるとき[11]、弟子が宣教から戻って来たとき[12]、子どもを祝福し[13]、ペトロのために執り成すとき[14]、キリストは祈った。

3　第二バチカン公会議『典礼憲章』83（*Sacrosanctum concilium*）。

4　ルカ 3・21-22。

5　ルカ 6・12。

6　マタイ 14・19、15・36、マルコ 6・41、8・7、ルカ 9・16、ヨハネ 6・11。

7　ルカ 9・28-29。

8　マルコ 7・34。

9　ヨハネ 11・41 以下。

10　ルカ 9・18。

11　ルカ 11・1。

12　マタイ 11・25 以下、ルカ 10・21 以下。

13　マタイ 19・13。

14　ルカ 22・32。

　キリストの毎日の活動は、祈りと固く結ばれていて、あたかも祈りからしか出てこないように、朝早く起きては[15]祈るために荒れ野や山に退き[16]、あるいは夕暮から夜明けまで[17]夜通し祈りのうちに過ごした[18]。

　当然、安息日には「習慣に従って」[19]会堂の公の祈りに加わり、また「祈りの家」と呼ばれた神殿[20]で行われる公の祈りに参加したばかりでなく、信心深いイスラエル人が、毎日唱えていた私的な祈りも同様にしていたと思われる。また食事の際、神を賛美する伝統的な祈りを唱えられたことは、パンの増やし[21]、最後の晩餐[22]、エマオでの食事[23]の叙述から明らかであり、同様に弟子たちと賛歌も歌っておられた[24]。

　聖なる師は受難がすでに間近に迫っているとき[25]、最後の晩餐のおり[26]、もだえ苦しんだとき[27]、また十字架上で[28]、すなわちその生涯が終わるときまで、祈りが救い主としてのご自分の使命と過越のわざを生かすものであることを示した。キリストは「肉において生きておられたとき、激しい叫び声を上げ、涙を流しながら、ご自分を死から救う力のあるかたに、祈りと願いとをささげ、そのおそれ敬う態度のゆえに聞き入れられ」（ヘブライ5・7）、また、十字架の祭壇で完全ないけにえによって「聖なる者とされた人たちを永遠に完全な者となさ」り（ヘブライ10・14）、ついに死者のうちから復活し、永遠に生きてわたしたちのために祈っている[29]。

15　マルコ1・35、6・46、ルカ5・16。マタイ4・1および並行箇所、マタイ14・23参照。

16　マルコ1・35。

17　マタイ14・23、25、マルコ6・46、48。

18　ルカ6・12。

19　ルカ4・16。

20　マタイ21・13および並行箇所。

21　マタイ14・19および並行箇所、15・36および並行箇所。

22　マタイ26・26および並行箇所。

23　ルカ24・30。

24　マタイ26・30および並行箇所。

25　ヨハネ12・27以下。

26　ヨハネ17・1-26。

27　マタイ26・36-44および並行箇所。

28　ルカ23・34、46、マタイ27・46、マルコ15・34。

29　ヘブライ7・25参照。

第2節　教会の祈り

祈りのおきて

5.　　　イエスは自ら実行したことをわたしたちにも行うように命じ、「祈りなさい」[30]、「願いなさい」[31] とたびたび述べた。そしていわゆる主の祈りのうちに模範的な祈りの型を授け[32]、また祈りが必要であり[33]、それは謙虚で[34]、注意深く[35]、忍耐強く、父のいつくしみに対する信頼に満ち[36]、純粋な意向をもち、神の本性にかなう[37] ものでなければならないことを教えた。

　使徒は手紙の中で、たびたび、わたしたちに祈りを残し、とくに賛美と感謝の祈りを伝えているが、彼らもまたわたしたちに、聖霊のうちにあって[38] キリストを通して[39] 神に[40] 忍耐強くたえず[41] 祈るよう促し、祈りが聖化にとって力あることを教えている[42]。また、賛美の祈り[43]、感謝の祈り[44]、懇願の祈り[45]、すべての人のための執り成しの祈り[46] を勧めている。

30　マタイ5・44、7・7、26・41、マルコ13・33、14・38、ルカ6・28、10・2、11・9、22・40、46。
31　ヨハネ14・13以下、15・16、16・23以下、26。
32　マタイ6・9-13、ルカ11・2-4。
33　ルカ18・1。
34　ルカ18・9-14。
35　ルカ21・36、マルコ13・33。
36　ルカ11・5-13、18・1-8、ヨハネ14・13、16・23。
37　マタイ6・5-8、23・14、ルカ20・47、ヨハネ4・23。
38　ローマ8・15、26、一コリント12・3、ガラテヤ4・6、ユダ20。
39　二コリント1・20、コロサイ3・17。
40　ヘブライ13・15。
41　ローマ12・12、一コリント7・5、エフェソ6・18、コロサイ4・2、一テサロニケ5・17、一テモテ5・5、一ペトロ4・7。
42　一テモテ4・5、ヤコブ5・15以下、一ヨハネ3・22、5・14以下。
43　エフェソ5・19以下、ヘブライ13・15、黙示録19・5。
44　コロサイ3・17、フィリピ4・6、一テサロニケ5・17、一テモテ2・1。
45　ローマ8・26、フィリピ4・6。
46　ローマ15・30、一テモテ2・1以下、エフェソ6・18、一テサロニケ5・25、ヤコブ5・14、16。

教会はキリストの祈りを続ける

6.　　　人間はすべてを神から受けたのであるから、この創造主の主権を認め告白しなければならない。あらゆる時代を通じて敬虔な人は祈りを通して、この義務を果たしてきた。

しかし、神に向けられる祈りは、全人類の主、かつ唯一の仲介者[47]としてわたしたちを神に導くことのできる唯一のかた[48]キリストとともになされなければならない。事実、キリストは自分の祈りと全人類の祈りとの間に密接な連帯が生じるように、人類共同体を自分に固く結びつけたのである[49]。なぜなら、人間はキリストのうちに、そしてただキリストのうちに救いを見いだし、その目的に到達するからである。

7.　　　しかし、新生の秘跡によってキリストのからだ（教会）の肢体として受け入れられた人々とキリストとの間には、特別な、また非常に緊密な関係が生じる。それは神の子のすべての富、すなわち聖霊の息吹、真理、いのち、またキリストが地上で過ごされたとき、そのすべての祈りに現れていた神的な父子関係が、頭（かしら）からからだ全体に広められるからである。

同じく教会全体はキリストの祭司職に参加する。したがって受洗者は、新生と聖霊の塗油によって霊的な家、聖なる祭司として聖別され[50]、わたしたちの力ではなく、キリストのいさおしとたまものから生ずる新約の礼拝をささげることができるようになる。

「神はみことばによってすべてを造られたが、そのみことばを人々の頭（かしら）とし、人々をその肢体（からだ）とすること以上に大きなたまものを人類に与えることはできなかった。そうすることによって、みことばは神の子であるとともに人の子となり、父とともに一つの神、人々とともに一人の人間となられ、こうして、わたしたちが祈りのうちに神に語るときにわたしたちから御子を切り離

47　・テモテ 2・5、ヘブライ 8・6、9・15、12・24。
48　ローマ 5・2、エフェソ 2・18、3・12。
49　第二バチカン公会議『典礼憲章』83 参照。
50　第二バチカン公会議『教会憲章』10（*Lumen Gentium*）。

すことなく、また、御子のからだ（教会）が祈るとき、その頭から離れて祈ることはないのである。それはまた、神の子、わたしたちの主イエス・キリスト自身が、そのからだの唯一の救い主であられ、わたしたちのために、わたしたちの中にあって祈り、わたしたちからの祈りをお受けになるためである。キリストは祭司としてわたしたちのために祈り、頭としてわたしたちの中にあって祈り、神としてわたしたちからの祈りをお受けになる。したがって、彼の中にわたしたちの声を聞き、わたしたちの中に彼の声を聞き分けよう」[51]。

したがって、キリスト者の祈りの尊さは次のことに見いだされる。すなわちキリスト者の祈りは独り子の父に対する孝愛とキリストの祈りへの参加であって、キリストは地上生活の間いろいろなことばをもって祈ったが、現在もなお全人類の名において、全人類の救いのために、たえず全教会の中で、また、一人ひとりの信者の中にあって祈っている。

聖霊の働き

8.　　祈る教会の一致は聖霊の働きによるものであって、同じ聖霊がキリストのうちに[52]、全教会のうちに、また、受洗者一人ひとりのうちに働いている。「霊も弱いわたしたちを助け」、「ことばに表せないうめきをもって執り成してくださる」（ローマ8・26）。聖霊は神の子の霊として、わたしたちに世継ぎの霊を送り、わたしたちは聖霊によって「アッバ、父よ」と呼ぶ（ローマ8・15。ガラテヤ4・6、一コリント12・3、エフェソ5・18、ユダ20参照）。したがってキリスト教的祈りは全教会を一つに結び、子を通して父に導く聖霊の働きなしにはありえない。

祈りの共同体的性格

9.　　倦まずたゆまず祈るという、主と使徒の模範と命令を、単なる律法主義のおきてと考えてはならない。それは、一つの共同体であり、また祈りによ

51　聖アウグスティヌス『詩編注解』（*Enarrationes in Psalmos* 85, 1: CCL 39, 1176）。

52　ルカ10・21参照。「イエスは聖霊によって喜びにあふれていわれた。『……父よ、あなたをほめたたえます。……』」。

っても、自らの共同体の性格を表さなければならない教会自身の本質に属するものである。

　そのために使徒言行録の中で初めて信者の共同体について記されている箇所で、この共同体は祈るために「婦人たちやイエスの母マリア、またイエスの兄弟たち」（使徒言行録 1・14）と一緒に集まっていたことが示されている。実に、「信じた人々の群れは心も思いも一つにし」（同 4・32）ていたが、その一致は神のことば、兄弟の交わり、祈り、パンを裂くことに基づいていたのである[53]。

　部屋の中で戸を閉めてささげるような祈り[54]はつねに必要で、勧められるべきものであり[55]、そういう祈りも聖霊のうちにキリストを通して行われる教会の一員の祈りである。しかし共同体の祈りには、特別の尊厳が備わっている。それはキリスト自身が、「二人または三人がわたしの名によって集まるところには、わたしもその中にいる」（マタイ 18・20）と述べたからである。

第3節　「時課の典礼」すなわち「教会の祈り」

時の聖化

　10.　　キリストは、「気を落とさずにたえず祈らなければならない」（ルカ 18・1）と命じた。教会はこの命令に忠実に従い、決して祈りを放棄せず、「イエスを通して賛美のいけにえ……を、たえず神にささげましょう」（ヘブライ 13・15）とわたしたちを祈りへ招いている。教会はこのおきてを感謝の祭儀によってばかりでなく、他のいろいろな方法、とくに「教会の祈り」によって守っている[56]。この祈りは、古来のキリスト教伝統が示すように、他の種々の典礼行為の中でも、昼と夜の時間の全過程を奉献することを特徴としている。

　11.　　「教会の祈り」の目的はその日一日と人間活動の全体を聖化することにある。したがってそれぞれの時課の時刻の真実性ができるかぎり守られるよ

53　使徒言行録 2・42 参照。

54　マタイ 6・6 参照。

55　第二バチカン公会議『典礼憲章』12 参照。

56　同 83-84 参照。

うに、現代の生活条件も考慮して、「教会の祈り」の全過程が改訂された[57]。

　それゆえ「一日を真に聖化するためにも、時課そのものを霊的実りをもって唱えるためにも、時課の務めを果たすにあたり、各時課の本来の時刻にもっとも近い時刻が守られなければならない」[58]。

感謝の祭儀と「教会の祈り」の関係

12.　　主の晩餐の神秘は「キリスト教共同体の全生活の中心であり、頂点」[59]であるが、「教会の祈り」は、この感謝の祭儀に含まれている賛美と感謝、救いの諸神秘の記念、懇願、天の栄光の先触れなどを一日のいろいろな時間に繰り広げてゆく[60]。

　「教会の祈り」は感謝の祭儀の効果を豊かに受けるために必要な心構え、たとえば信仰、希望、愛、熱心、犠牲の精神などを人々のうちに呼び起こし養うことによって、感謝の祭儀の優れた準備となる。

「教会の祈り」におけるキリストの祭司職の行使

13.　　キリストは感謝の祭儀や秘跡によってばかりでなく他の方法、とくに「教会の祈り」により[61]、聖霊のうちにあって教会を通して「人間をあがない、神に余すところなく栄光を帰するこのわざ」[62]を遂行する。共同体が集まり、神のことばを述べ、「教会が嘆願し、賛美を歌うとき」、キリストは「教会の祈り」の中に現存している[63]。

57　同 88 参照。

58　同 94。

59　第二バチカン公会議『教会における司教の司牧任務に関する教令』30（*Christus dominus*）。

60　第二バチカン公会議『司祭の役務と生活に関する教令』5（*Presbyterorum ordinis*）参照。

61　第二バチカン公会議『典礼憲章』83、98 参照。

62　同 5。

63　同 7。

人間の聖化

14. 「教会の祈り」の中で人間の聖化[64]が行われ、神に礼拝がささげられるのは、神と人とのいわば交わり、すなわち対話が行われるからであって、それによって「神はご自分の民に語られ、……会衆は、歌と祈りによって神にこたえる」[65]。

救いに満ちた神のことばは「教会の祈り」の中で重要な役割を占め、それに参加する人々にきわめて豊かな聖化の実りをもたらす。そこでは聖書の朗読が行われ、詩編の中に伝えられた神のことばが、神のみ前で歌われ、聖書の息吹と霊感から他の祈りや祈願や歌がわき起こるのである[66]。

したがって「わたしたちを教え導くために書かれた」（ローマ15・4）聖書が朗読されるときばかりでなく、教会が祈り、あるいは歌うときにも、これに参加する人の信仰は養われ、心は神に上げられるのであって、こうして人々は霊による礼拝を神にささげ、その恩恵をいっそう豊かに受けるようになる[67]。

天の教会と一致して神にささげられる賛美

15. 「教会の祈り」の中で教会は、その頭（かしら）の祭司職を行使し、「たえず」[68]神に賛美のいけにえ、すなわち、み名をたたえる唇の実をささげる[69]。この祈りは「花婿に語りかける花嫁の声そのものであり、まさに自らのからだとともに御父にささげられるキリストの祈りでもある」[70]。「したがって、これを唱えるすべての人は、教会の務めを実行し、キリストの花嫁の最高の栄誉にあずかる。それは神に賛美をささげる人は、母なる教会の名によって神の玉座の前に

64　第二バチカン公会議『典礼憲章』10 参照。

65　同 33。

66　同 24 参照。

67　同 33 参照。

68　一テサロニケ 5・17。

69　ヘブライ 13・15 参照。

70　第二バチカン公会議『典礼憲章』84。

立つからである」[71]。

16.　教会は時課における神への賛美によって、天上で永遠に歌われている賛美の歌に加わる[72]。同時に教会は神と小羊の玉座の前でたえず響き渡るものとして、聖ヨハネが黙示録に記している天の賛美を前もって味わう。「われわれは共通の喜びのうちに神の威光をともにたたえ祝う。そしてあらゆる種族、言語、民族、国から、キリストの血によってあがなわれて（黙示録 5・9 参照）一つの教会に集められたわれわれは皆、一にして三位の神を一つの賛歌をもってたたえ」[73]、天上の教会とわたしたちとの間に緊密な一致が実現するからである。

預言者はこの天の典礼を夜のない昼の勝利、陰りのない光の勝利の中に眺めた。「太陽は再びあなたの昼を照らす光とならず、月の輝きがあなたを照らすこともない。主があなたのとこしえの光とな」る（イザヤ 60・19。黙示録 21・23、25 参照）。「その日は、主にのみ知られている。そのときは昼もなければ、夜もなく、夕べになっても光がある」（ゼカリヤ 14・7）。ところで、「すでに世の終わりはわれわれのもとに到来しており（一コリント 10・11 参照）、世の一新は取り消しえないものとして決定され、ある意味で、現世において、前もって行われている」[74]。こうしてわたしたちは信仰によって地上の生活の意義についても教えられ、すべての被造物とともに、神の子どもたちの現れを待ち望むようになる[75]。「教会の祈り」の中でわたしたちはこの信仰を宣言し、この希望を表すとともに養い、永遠の賛美の喜びと、沈むことのない日の喜びにあずかるのである。

懇願と執り成しの祈り

17.　教会は典礼において、神を賛美するばかりではなく、キリストを信じ

71　同 85。
72　同 83 参照。
73　第二バチカン公会議『教会憲章』50。同『典礼憲章』8、104 参照。
74　第二バチカン公会議『教会憲章』48。
75　ローマ 8・19 参照。

る者すべての願いと望みを言い表し、さらに全世界の救いのためにキリストに、またキリストを通して父に、執り成しの祈りをささげる[76]。その声は教会の声だけではなくキリストの声でもある。祈りはキリストの名によって、すなわち「わたしたちの主イエス・キリストによって」ささげられるからである。こうして教会はキリストが人として世におられたときにささげられ、それゆえに特別の効力をもっている祈りと懇願[77]とを続けてゆく。したがって教会共同体は人々をキリストに導くために愛と模範と償いのわざばかりでなく、祈りをもっても真の母としての役割を実践する[78]。

このことは「教会の祈り」をささげるよう特別の委任によって呼ばれた者、すなわち自分に託された群れと神の民全体のために祈る義務をもつ司教と司祭[79]、および他の役務者ならびに修道者にとくに関係のあることである[80]。

司牧活動の頂点であり源泉である

18.　「教会の祈り」に参加する者は秘められた使徒的豊かさをもって主の民を発展させる[81]。なぜなら使徒的活動が目指すところは、「すべての人が信仰と洗礼を通して神の子となって一つに集まり、教会の中で神をたたえ、いけにえにあずかって主の晩餐を食することにあるからである」[82]。

こうして信者は「キリストの神秘と真の教会のまことの本性」、すなわち「見えるものでありながら見えないものを備え、活動に熱心でありながら観想に専心し、世の中にありながら旅することを特性としている」[83]教会を生活をもって現し、他の人々に示すのである。

他方、「教会の祈り」の中の朗読と祈りはキリスト教生活の源泉をなしている。実に、キリスト教生活は聖書の食卓と聖人たちのことばによって養われ、

76　第二バチカン公会議『典礼憲章』83 参照。

77　ヘブライ 5・7 参照。

78　第二バチカン公会議『司祭の役務と生活に関する教令』6 参照。

79　第二バチカン公会議『教会憲章』41 参照。

80　本総則 24 参照。

81　第二バチカン公会議『修道生活の刷新・適応に関する教令』7（*Perfectae caritatis*）参照。

82　第二バチカン公会議『典礼憲章』10。

83　同 2。

祈りによって強められるのである。わたしたちは主を離れては何一つなしえないのであって[84]、わたしたちの祈りを聞く主ひとりがわたしたちの携わる仕事に効果と繁栄をもたらすことができるからである[85]。こうして、わたしたちはキリストの満ちあふれる豊かさに達するまで[86]日々聖霊によって神の住まいとして成長し[87]、同時に、外にある者に対してキリストをのべ伝えるためにわたしたちの力は強められるのである[88]。

心を声に合わせよ

19.　「教会の祈り」がそれに参加する人にとって自分自身のものとなり、さらに信仰心と神の豊かな恩恵の源泉となるために、また、それが個人の祈りと使徒的活動の糧となるためには、ふさわしく、注意深く、信心を込めて唱えるとともに、心を声に合わせなければならない[89]。すべての人は、神からの恵みを、無駄に受けることのないよう、細心の努力を払ってそれに協力しなければならない。キリストを求めつつ、また祈りによってその神秘の中につねにより深く分け入りながら[90]、神性なあがない主が祈ったときの心と同じ心で神をたたえ祈りをささげなければならない。

第4節　「教会の祈り」の祭儀を執り行う人

a　共同で行う「教会の祈り」の祭儀

20.　「教会の祈り」は他の典礼行為と同様に、私的行為ではなく、教会全

84　ヨハネ 15・5 参照。

85　第二バチカン公会議『典礼憲章』86 参照。

86　エフェソ 4・13 参照。

87　エフェソ 2・21-22 参照。

88　第二バチカン公会議『典礼憲章』2 参照。

89　同 90、聖ベネディクト『戒律』（*Regula monasteriorum*, c. 19）参照。

90　第二バチカン公会議『司祭の役務と生活に関する教令』14、同『司祭の養成に関する教令』8（*Optatam totius*）参照。

体のものであって、またそれを表し、それにかかわりのある行為である[91]。「教会の祈り」の教会的性格がもっともよく表明されるのは、部分教会が司祭と奉仕者に囲まれた司教とともに[92]それを執り行うときであり、それが強く勧められるのもそのためである。「この（部分教会の）中に唯一の、聖なる、普遍の、使徒的キリストの教会が真に現存し、働いている」[93]。このような祭儀はたとえ司教が不在で、司教座聖堂祭式者会、または他の司祭が行う場合であっても、その時課の正確な時刻を守り、できるかぎり信者の参列のもとに行うようにする。このことは団体的教会祭式者会についても同様である。

21.　　その他の信者の諸団体、なかでもとくに司教の代理をする司牧者のもとに司教区の細胞のように地域的に設置されて、いわば「全世界に築かれた見える教会を表現する」[94]小教区は、できるならば主要な時課を教会で共同で行う。

22.　　したがって信者は「教会の祈り」のために呼ばれ、一つに集まって、心と声を合わせるとき、キリストの神秘を祝う教会を表す[95]。

23.　　叙階を受けた者、あるいは、特別な教会法上の務めを授けられた者の役目は共同体の祈りを組織し、指導することである[96]。彼らは「自分に委託されたすべての人々が心を一つにして祈……るように働かなければならない」[97]。したがってとくに主日、祝日には信者が「教会の祈り」のおもな部分を共同で行うよう、彼らを招いて必要な教育を施すよう努める[98]。彼らが「教会の祈り」への参加から真実な祈りを学び取るよう教え[99]、そのためには信者に適切な教

91　第二バチカン公会議『典礼憲章』26 参照。

92　同 41 参照。

93　第二バチカン公会議『教会における司教の司牧任務に関する教令』11。

94　第二バチカン公会議『典礼憲章』42。同『信徒使徒職に関する教令』10（*Apostolicam actuositatem*）参照。

95　第二バチカン公会議『典礼憲章』26、84 参照。

96　第二バチカン公会議『教会の宣教活動に関する教令』17（*Ad gentes*）。

97　第二バチカン公会議『教会における司教の司牧任務に関する教令』15。

98　第二バチカン公会議『典礼憲章』100 参照。

99　第二バチカン公会議『司祭の役務と生活に関する教令』5 参照。

育によって詩編をキリスト教的に理解するよう徐々に「教会の祈り」に親しみ味わうよう導く[100]。

24.　会則または会憲により、共通あるいは独自の儀式に従って「教会の祈り」の全部あるいは一部を唱える祭式者、隠世修道士、隠世修道女および他の修道者の共同体は祈る教会を特別に示している。すなわち彼らはたえず声を合わせて神をたたえている教会の姿をより豊かに表し、また「キリストの神秘体全体の建設と成長のため、また部分教会の善のために、熱心……に働く」[101] 任務をまず祈りによって果たしているからである。このことはとくに観想生活を営む者についていわれる。

25.　共同祭儀の義務を負っていない司祭や教役者が共同生活をしている場合、あるいは一緒に集まった場合、少なくとも「教会の祈り」のある部分、とくに「朝の祈り」と「晩の祈り」を共同で行うように配慮する[102]。

26.　同様に「教会の祈り」を共唱する義務を負っていない男女修道者、また奉献生活の会や使徒的生活の会の会員はだれであれ、「教会の祈り」を全部または一部唱えるために、自分たちだけで、あるいは信者とともに集まるよう、強く勧められる。

27.　信徒の団体が祈りや使徒職やその他どのような理由であっても、一緒に集まる場合には、「教会の祈り」の一部を唱えることによって教会の務めを果たすよう勧められている[103]。典礼行為のうちに、まず神である父を霊と真理のうちに礼拝することを学ぶべきであり[104]、また、公的礼拝と祈りによってすべての人とかかわりをもち、全世界の救いに少なからず貢献できることを思い

100　本総則 100-109 参照。
101　第二バチカン公会議『教会における司教の司牧任務に関する教令』33。同『修道生活の刷新・適応に関する教令』6、7、15 参照、同『教会の宣教活動に関する教令』15 参照。
102　第二バチカン公会議『典礼憲章』99 参照。
103　同 100 参照。
104　ヨハネ 4・23 参照。

起こすべきだからである[105]。

　さらに、家の教会の聖所である家庭でも、神に共同の祈りをささげるだけでなく、時には「教会の祈り」のある部分を唱えて教会と親しく結ばれるのが望ましい[106]。

b　「教会の祈り」の委任について

28.　「教会の祈り」は聖職者に特別に委託されており、彼らは信者が出席していないときでも、単独で「教会の祈り」を唱えなければならない。この場合、そこで必要な適応を行う。教会が彼らに「教会の祈り」を委任するのは全共同体の務めが、少なくとも彼らによってつねに確実に果たされるよう、またキリストの祈りが教会の中で絶えることなく続けられるようにするためである[107]。

　司教は目に見える卓越したしかたでキリストの代理を務める者であり、また、その牧する群れの大祭司であって、その信者たちのキリストにおける生活はある意味で司教に由来し、司教に依存しているので[108]、司教は祈りについては教会構成員の中の第一人者でなければならず、「教会の祈り」を唱えるときその祈りはつねに教会の名によって、また自分にゆだねられている教会のためになされる[109]。

　司祭もまた、司教と全司祭団に結ばれた者であり、特別に祭司キリストと一体となって[110]自らにゆだねられている民全体のため、さらに全世界のために神に祈るという同じ役務に参加する[111]。

　この人々は皆、自分にゆだねられた者が生命を得、完全に一つとなるよう

105　第二バチカン公会議『キリスト教的教育に関する宣言』2（*Gravissimum educationis*）、同『信徒使徒職に関する教令』16 参照。

106　第二バチカン公会議『信徒使徒職に関する教令』11 参照。

107　第二バチカン公会議『司祭の役務と生活に関する教令』13 参照。

108　第二バチカン公会議『典礼憲章』41、同『教会憲章』21 参照。

109　第二バチカン公会議『教会憲章』26、同『教会における司教の司牧任務に関する教令』15 参照。

110　第二バチカン公会議『司祭の役務と生活に関する教令』13 参照。

111　同 5 参照。

に [112] 祈ったよき牧者の奉仕の役を果たす。そして教会が彼らに提供する「教会の祈り」の中に信仰心の源泉と個人の祈りの糧を見いだすばかりでなく [113]、豊かな観想によって司牧・宣教活動を活力あるものとし、神の全教会の喜びとなるよう努めなければならない [114]。

29.　このため「教会の祈り」を行うよう教会から委任を受けた司教、司祭、司祭職を目指す助祭は（本総則 17 参照）、毎日「教会の祈り」の全過程を唱える義務を果たさなければならない [115]。その場合、できるだけ「教会の祈り」の正しい時刻を守る。

　まず第一に「教会の祈り」の枢軸ともいうべき時課、すなわち「朝の祈り」と「晩の祈り」をもっとも重視しなければならない。重大な理由がないかぎりそれらを省略することのないように注意する。

　また、主として神のことばの典礼祭儀である「読書」も忠実に行うべきである。こうして、主のより完全な弟子となり、キリストの量りがたい富をより深く味わう [116] 者となるよう、神のことばを自分たちのうちに受け入れるという、特別な理由で彼らに固有な役割を毎日果たす。

　一日全体をよりよく聖化するために、「昼の祈り」を唱え、また夜、床に就く前に「寝る前の祈り」を唱えて「神の務め」（Opus Dei）の全部を締めくくるとともに自分を神にゆだねるよう心掛ける。

30.　終身助祭も、教会の委任を受けて、司教協議会によって決められた「教会の祈り」の部分を毎日唱える [117]。

112　ヨハネ 10・11、17・20、23 参照。

113　第二バチカン公会議『典礼憲章』90 参照。

114　第二バチカン公会議『教会憲章』41 参照。

115　教会法第 276 条第 2、3 項および第 1174 条第 1 項参照。

116　第二バチカン公会議『神の啓示に関する教義憲章』25（Dei verbum）、同『司祭の役務と生活に関する教令』13 参照。

117　教会法第 276 条第 2、3 項、教皇パウロ六世自発教令『サクルム・ディアコナートゥス・オルディネム（1967 年 6 月 18 日）』27（Sacrum Diaconatus ordinem: AAS 59 [1967], 703）参照。

31.　　a)　司教座聖堂祭式者会および団体的教会祭式者会は一般法あるいは局地法によって義務づけられている「教会の祈り」の部分を歌唱によって行わなければならない。

　これらの会の会員各自は、叙階を受けた者が唱えなければならない時課のほかに、自分の会で唱えられる時課も、単独で唱えなければならない[118]。

　b)　「教会の祈り」を義務づけられている修道会の共同体とその会員各自は、自分たちの局地法の規定に基づいて「教会の祈り」を行う。ただし叙階を受けた者についての本総則 29 の規定は守らなければならない。

　歌唱を義務づけられている共同体の場合は、毎日、時課の全過程を歌唱しなければならない[119]。歌唱しない会員は、局地法の規定に基づいて時課を唱える。ただし、本総則 29 の諸規定はつねに守らなければならない。

32.　　その他の修道会の共同体とその会員各自は、その生活条件に応じて「教会の祈り」のある部分を唱えるよう勧められている。時課はあちこちに分散しているすべての人を一つの心、一つの魂にする教会の祈りだからである[120]。

　同様の勧めは信徒にも当てはまる[121]。

c　祭儀の構造

33.　　「教会の祈り」は独自の法によって規制され、他のキリスト教祭儀に見いだされる種々の要素を、固有の方法で組み合わせる。すなわち「教会の祈り」の構成はつねに賛歌で始め、詩編を唱和し、次いで長短いずれかの聖書朗読を行い、最後に祈願をすることになっている。

　「教会の祈り」の本質的な構造はそれが神と人との対話であるという点にあり、これは「教会の祈り」が共同で行われる場合にも、個人で唱えられる場合にも、変わりはない。しかし、「教会の祈り」の共同祭儀はその教会的性格を

118　教皇庁礼部聖省『典礼憲章実施のための一般指針（1964 年 9 月 26 日）』78b（*Inter Oecumenici*: AAS 56 [1964], 895）参照。

119　第二バチカン公会議『典礼憲章』95 参照。

120　使徒言行録 4・32 参照。

121　第二バチカン公会議『典礼憲章』100 参照。

いっそう明らかに示し、また、参加者の条件に応じて、応唱、対話句、交互の詩編唱和などによって全員の積極的参加を促進するとともに、種々の表現形式をよりよく考慮に入れる[122]。したがって、信者の出席と行動的参加を得て、「教会の祈り」の祭儀を共同で行うことができるときには、いつでも、それを「教会の祈り」の個人的な、いわば私的な祭儀に優先させなければならない[123]。さらに、各部分の性格と機能に応じて、聖務を適宜に歌隊または共同体で歌うことが望ましい。

　こうして使徒の次の勧めは実現する。「キリストのことばがあなたがたのうちに豊かに宿るようにしなさい。知恵を尽くして互いに教え、諭し合い、詩編と賛歌と霊的な歌により、感謝して心から神をほめたたえなさい」（コロサイ3・16。エフェソ5・19-20参照）。

122　同 26、28-30 参照。
123　同 27 参照。

第2章
一日の聖化、すなわち種々の時課

第1節　聖務全体への導入

34.　聖務全体は通常「初めの祈り」によって導入される。この祈りは「神よ、わたしの口を開いてください。わたしはあなたに賛美をささげます」という唱句と、詩編95から成り立っている。この詩編の祈りによって信者は毎日神に賛美の歌をささげ、その声を聞き、また「神の安息」を期待するよう招かれる[124]。

しかし詩編95の代わりに適宜詩編100、または67、または24を用いることができる。

「初めの祈り」の詩編は、その箇所に記されているように、答唱形式で、すなわち、まずその交唱を唱え、それをもう一度繰り返し、さらに詩編の各節ごとに繰り返すことが望しい。

35.　「初めの祈り」は毎日の祈りの全過程の初めに置かれる。すなわちその日を開始する典礼行為である「朝の祈り」あるいは「読書」のいずれかの冒頭に行う。しかし「朝の祈り」の前にこの「初めの祈り」を唱えなければならない場合は、適当と判断されるならば、その詩編と交唱を省くことができる。

36.　「初めの祈り」の交唱は典礼日に応じて変わるが、それはその箇所に指示されている。

124　ヘブライ3・7〜4・16参照。

第2節　「朝の祈り」と「晩の祈り」

37.　「賛課は朝の祈りとして、晩課は晩の祈りとして、普遍教会の尊敬に値する伝統によって、毎日の聖務日課の二大枢軸、主要時課とされ、またそのようなものとして行われなければならない」[125]。

38.　「朝の祈り」はその多くの要素から明らかなように、朝の時間を聖化するためのものであり、そのように構成されている。そのような朝の性格は、聖大バジリオの次のことばによく言い表されている。「朝の賛美はわたしたちの心と精神の最初の動きを神に奉献するためのものであり、それは聖書に『わたしは神を思い、喜びに満たされた』（詩編76・4［ヴルガタ訳］）とあるように、わたしたちがまず神に思いを馳せて喜んだあとでなければ何事にも手をつけないためであり、また『神よ、朝ごとにあなたはわたしの祈りを聞き、わたしは心を整えてあなたを待ち望む』（詩編5・4-5）と書かれていることをわたしたちが実行したあとでなければ、労働のためにからだを動かさないためである」[126]。

　そのうえ、新しい光が射し添えて一日が始まるころに唱えられるこの時課は、「すべての人を照らすまことの光」（ヨハネ1・9参照）、「義の太陽」（マラキ3・20）、「高いところから訪れるあけぼのの光」（ルカ1・78参照）である主イエスの復活を思い出させる。このことから、次の聖チプリアノの勧めをよく理解することができる。「主の復活を朝の祈りで祝うために、朝祈らなければならない」[127]。

39.　「晩の祈り」は「この日わたしたちに与えられた恵みとわたしたちが行った善について感謝する」[128] ために、夕方になり日がすでに傾いたときに行われる。「み前に立ち昇る香り」として神にささげる祈りによって、わたしたちはあがないを記念し、またその祈りの中で「高く上げた手」は「夕べの供え

125　第二バチカン公会議『典礼憲章』89a。同 100 参照。

126　聖大バジリオ『修道士大規定』（*Regulae fusius tractatae*, Resp. 37, 3: PG 31, 1014）。

127　聖チプリアノ『主の祈りについて』（*De oratione dominica* 35: PL 4, 561）。

128　聖大バジリオ『修道士大規定』（*Regulae fusius tractatae*, Resp. 37, 3: PG 31, 1015）。

物」となる[129]。このことは、「あの真の夕べのいけにえについても理解すること
ができるのであって、それは救い主が教会の神聖な諸神秘の手ほどきをしたと
き、晩餐中の使徒たちに渡したあの夕べのいけにえか、あるいは、次の日すな
わち世の終わりに、自ら全世界の救いのため手を上げて父にささげたあの夕べ
のいけにえなのである」[130]。最後に、沈むことを知らない光に対してわたしたち
の希望を向けるため、「わたしたちは光がわたしたちの上に帰ってくるよう祈
り求め、わたしたちに永遠の光の恵みをもたらすべきキリストの来臨を待ちわ
びている」[131]。この時刻にわたしたちは東方の諸教会と声を合わせて「天の永遠
の父の、聖なる栄光の喜びに満ちた光、イエス・キリストを呼び、日暮になっ
て夕べの光を眺めながら、神である父と子と聖霊をたたえて歌う……」。

40.　　したがって、「朝の祈り」と「晩の祈り」をキリスト教共同体の祈り
としてもっとも重要視しなければならない。それを公または共同で行うことは
とくに共同生活を営んでいる人々の間で奨励しなければならない。そればかり
か「教会の祈り」の共唱にあずかることのできない信者各自に対しても「朝の
祈り」と「晩の祈り」を唱えることが勧められる。

41.　　「朝の祈り」と「晩の祈り」は、「初め」の唱句「神よ、わたしを力づ
け……」で始まり、「栄光は父と子と聖霊に……」「アレルヤ」（四旬節には省
く）が続く。しかし、これらのすべては「朝の祈り」の直前に「初めの祈り」
を唱える場合には省かれる。

42.　　引き続いて適切な賛歌を歌う。賛歌の役割は各時課あるいは祝日に固
有の色彩を与え、また、とくに会衆とともに「教会の祈り」をささげるときに、
よりたやすく、より楽しく祈りに導入することにある。

43.　　賛歌のあと、本総則121-125に従って詩編唱和が行われる。「朝の祈
り」の唱和は朝の詩編一つ、旧約聖書から取られた「旧約の歌」、教会の伝統

129　詩編141・2参照。
130　カッシアヌス『共住修道院の諸制度』（*De institutione coenob.*, lib. 3, c. 3: PL 49, 124. 125）。
131　聖チプリアノ『主の祈りについて』（*De oratione dominica* 35: PL 4, 560）。

による他の賛美の詩編一つによって構成されている。

　「晩の祈り」の唱和はこの時課に適し、また、会衆とともに唱えるに適した詩編二つ、あるいは詩編が長い場合には分割した二つの部分と使徒の手紙または黙示録から取られた「新約の歌」によって構成されている。

　44.　　唱和のあと、長短いずれかの聖書朗読を行う。

　45.　　短い朗読（「神のことば」）は、日、季節、祝日の性質に応じて選ばれている。それは真に神のことばの宣言として読まれ、また聞かれなければならない。ある聖句を迫力をもって提示するこの宣言は、聖書の継続朗読の場合には注意をそらしがちな短い聖句を浮き彫りにするのに役立つ。

　この「神のことば」は詩編唱和の周期に従って毎日変わる。

　46.　　しかし自由選択も可能であって、とくに会衆の参加のもとに行われるときには、「読書」またはミサの朗読箇所、とくに何らかの理由で読むことのできなかった箇所から、もっと長い聖書朗読を自由に選ぶことができる。さらに本総則248-249、251の規定に従って、時には他のより適切な朗読を選ぶこともできる。

　47.　　会衆とともに「教会の祈り」の祭儀を行うときは、適切であれば、上に述べた朗読を説明するために短い説教を行うことができる。

　48.　　朗読あるいは説教のあと、適切であれば、短い沈黙の時間を置くことができる。

　49.　　神のことばに答えるため、答唱の歌もしくは答唱がある。しかしこれは適宜省くこともできる。

　また、その代わりに同じ役割を果たす同じ種類の他の歌を用いることもできる。ただし、そのような歌は司教協議会の正式な認可を必要とする。

　50.　　次に、福音の歌を交唱とともに荘厳に唱える。すなわち「朝の祈り」

にはザカリヤの歌（ベネディクトゥス）を、「晩の祈り」にはマリアの歌（マニフィカト）を唱える。これらの歌はローマ教会の中で幾世紀もの間人々に親しまれてきたもので、あがないの賛美と感謝を表す。この福音の歌の交唱は、日、季節、祝日の性質に従って指示されている。

51.　福音の歌が終わると共同祈願を行う。「朝の祈り」では神にその日一日と仕事を奉献する賛美の祈り、「晩の祈り」では執り成しの祈りをささげる（本総則 179-193 参照）。

52.　共同祈願のあとに全員で主の祈りを唱える。

53.　主の祈りの直後、結びの祈願を唱える。この祈願は普通の週日のためには詩編書（年間共通）に、他の日のためには固有の部に載っている。

54.　最後に、司祭または助祭が司式する場合、ミサのときと同じように「主は皆さんとともに」のあいさつと祝福、それに続く「行きましょう、主の平和のうちに」、「神に感謝」ということばをもって散会する。それ以外のときは「賛美と感謝のうちに」、「アーメン」ということばで祭儀を終わる。

第3節　「読書」

55.　「読書」の目的は神の民、なかでも特別に主に奉献された人々に、より豊かな聖書の黙想ととくに優れた霊的著作の抜粋を提供することにある。事実、毎日のミサの中で豊かな聖書朗読が行われるとはいえ、「読書」に含まれている啓示と伝統の宝は大きな霊的利益をもたらすに違いない。司祭は自分が受けた神のことばを人々に分け与え、自分の教えを「神の民の糧」[132] とするために、まずこの富を探し求めなければならない。

56.　「聖書を読む際に忘れてならないことは、神と人間との間に対話が成

132　司教儀式書『司祭の叙階』14（*De ordinatione presbyterorum*）。

り立つように、祈りが伴わなければならないということである。というのは、『われわれは祈るときには神に語りかけ、神のことばを読むときには神に耳を傾ける』からである」[133]。したがって「読書」も、詩編、賛歌、祈願、その他の式文から成り立っており、真の祈りの性格をもっている。

57.　「読書」は、『典礼憲章』によると「歌隊共唱においては夜の賛美としての性格を保つとしても、一日のどの時刻にでも唱えることができるよう、また、より少ない詩編とより長い朗読によって構成するよう適応させなければならない」[134]。

58.　局地法によって「読書」を夜中の賛美とする義務を負っている者、あるいは進んで「読書」に夜中の賛美の性格を保たせようとする者は、「読書」を夜中、あるいは早朝、「朝の祈り」の前に唱え、賛歌は、年間には、夜中行うときのためのものから選ぶ。主日、祭日、一部の祝日のためには、徹夜について本総則70-73で記されていることに注意する。

59.　「読書」は一日のうちいつでも、また前日の夜、「晩の祈り」のあとに行うこともできる。ただし、前項の規定は変わらない。

60.　「読書」を「朝の祈り」の前に行う場合は、上述したように（本総則34-36）「初めの祈り」をまず唱える。それ以外の場合には「神よ、わたしを力づけ、急いで助けに来てください」「栄光は父と子と聖霊に、初めのように……」のことばで始め、四旬節を除いて「アレルヤ」を加える。

61.　次に、賛歌を唱える。これは年間においては、「読書」が唱えられる時刻に合わせて、上記本総則58に記されているように夜中のためのものか、あるいは日中のためのものから選ぶ。

133　聖アンブロジオ『教役者の職務について』（De officiis ministrorum I, 20, 88: PL 16, 50）、第二バチカン公会議『神の啓示に関する教義憲章』25。
134　第二バチカン公会議『典礼憲章』89c。

62.　続いて三つの詩編（詩編が長い場合には分割したもの）を唱える。過越の 3 日間、復活および降誕の 8 日間、祭日、祝日には固有の詩編をその固有の先唱句とともに唱える。

　詩編と先唱句は主日と週日には、詩編書（年間共通）の当日の箇所から取る。聖人の記念日にも同様で、固有の詩編と固有の先唱句がないかぎり「年間共通」の詩編を用いる（本総則 218 以下参照）。

63.　詩編唱和と聖書朗読との間に通常は唱句を唱える。これによって祈りは詩編唱和から朗読を聞くことへと移行する。

64.　朗読は二つ行われる。第 1 は聖書の朗読で、第 2 は教父または教会著作家の作品の引用あるいは聖人伝の朗読である。

65.　各朗読のあとで答唱を唱える（本総則 169-172 参照）。

66.　聖書朗読は通常、本総則 140-155 に示されている規則に従って、「季節固有」および「年間固有」に記載されているものを用いる。その他の祭日、祝日には「祝日固有」あるいは「祝日共通」から聖書朗読を取る。

67.　第 2 朗読はその答唱とともに、「教会の祈り」の本（ローマ規範版）から、あるいは本総則 161 で述べられている任意の朗読書から取る。それは通常「季節固有」および「年間固有」に出ている。

　聖人の祭日と祝日には、固有の聖人言行録を読む。固有の聖人言行録がない場合には該当する聖人の共通部から第 2 朗読を取る。聖人の記念日にも、その記念が妨げられていないかぎり、当日の第 2 朗読の代わりに聖人言行録を読む（本総則 166、235 参照）。

68.　四旬節以外の主日、復活および降誕の 8 日間、祭日、祝日には第 2 朗読後の答唱のあとに賛美の賛歌（テ・デウム）を歌うが、記念日と週日には省かれる。この賛歌の最後の部分「神よ、あなたの民を救い」の節から終わりまでは自由に省くこともできる。

69.　「読書」はその日の固有の祈願で結ばれる。少なくとも共同で唱える
ときには「賛美と感謝のうちに」、「アーメン」の応唱を加える。

第4節　徹夜の祭儀

70.　復活の徹夜祭は教会全体によって、関係典礼書に記されているとおり
に挙行される。「今宵の徹夜は、他の夜にも共通な『徹夜』という名称を、自
分に固有のものとして要求するほど優れたものである」と聖アウグスティヌス
はいっている[135]。「主が復活し、その肉体のうちにわたしたちのために死も眠り
もない生命をお始めになったこの夜を、わたしたちは徹夜して過ごす……。し
たがって、わたしたちが目覚めて、ほめ歌をささげる復活されたかたは、わた
したちをご自分とともに終わりなく生きて治める者としてくださる」[136]。

71.　諸所の教会では、復活徹夜祭と同じく、種々の祭日を徹夜で始める習
慣があった。なかでも降誕祭と聖霊降臨祭は重要である。この習慣は各教会の
固有の慣習に従いながら、保存され奨励されなければならない。他の祭日また
は巡礼を徹夜によって荘厳にすることが適切な場合には、ことばの祭儀のため
に定められている一般的規則を守る。

72.　教父や霊的著作家は、しばしば信者、とくに観想生活を営む者に対し
て、キリストの再臨に対する待望を表し、また燃えたたせる夜中の祈りを行う
よう勧めている。「真夜中に『花婿だ。迎えに出なさい』と叫ぶ声がした」（マ
タイ25・6）。「目を覚ましていなさい。いつ家の主人が帰って来るのか、夕方か、
夜中か、鶏の鳴くころか、明け方か、あなたがたには分からないからである。
主人が突然帰って来て、あなたがたが眠っているのを見つけるかもしれない」
（マルコ13・35-36）。したがって「読書」に夜中の祈りの性格を与えるのはよい
ことである。

73.　なお、ローマ典礼様式では、とくに使徒職に従事する人の必要を考え

135　聖アウグスティヌス『説教』（*Sermo Guelferbytanus* 5: PLS 2, 550）。
136　同（*Ibid.*: PLS 2, 552）。

て、「読書」はいつも同じように短いものになっているので、伝統に従って主日、祭日、祝日の徹夜を長くすることを望む者は、次のように行う。

まず「教会の祈り」の本に記されているとおり、「読書」を朗読の終わるところまで行う。二つの朗読のあと、賛美の賛歌（テ・デウム）を唱える前に「教会の祈り」の本の付録にある歌を加える。次いで福音を読み、適切であればそれについて説教を行うことができる。その後、賛美の賛歌を歌い、祈願を唱える。

福音は、祭日および祝日のためにはミサの朗読聖書から選び、主日のためには「教会の祈り」の本の付録にある過越の神秘に関する朗読箇所の中から選ぶ。

第5節 「昼の祈り」（3時課、6時課、9時課）

74.　非常に古くからキリスト信者は使徒教会に倣って、個人的な信心によって日中の種々の時刻に、仕事の最中にも、祈る習慣があった。この伝統は種々の方法で、また長い年月の間に典礼祭儀の形を取るようになった。

75.　東方教会と同じく西方教会にも3時課、6時課、9時課という典礼的慣習があるが、それはとくにこれらの時刻が主の受難および最初の福音宣教の記念と関係づけられたからである。

76.　第二バチカン公会議は、3時課、6時課、9時課という小時課を歌隊において守るよう定めた[137]。

観想生活を営む者は、局地法に別の規定がないかぎり、この三つの時課を唱える典礼的慣習を守るようにする。このことはまた、すべての人、とくに黙想会あるいは司牧研修会に参加する者にも勧められる。

77.　歌隊以外では、局地法に別な規定がないかぎり、三つの時課のうち、その日の時刻にいちばん適した時課を一つだけ選ぶことができる。

こうして、昼間、仕事の最中に祈るという伝統を守る。

137　第二バチカン公会議『典礼憲章』89e 参照。

78.　したがって3時課、6時課、9時課は、ただ一つの時課、すなわち
「昼の祈り」を唱える者と、三つの時課を唱える義務のある者または唱えよう
と望む者のことを考慮して作られている。

79.　3時課、6時課、9時課または「昼の祈り」は、「初め」の祈り、「神よ、
わたしを力づけ……、」「栄光は父と子と聖霊に……」「アレルヤ」（四句節は省
く）で始まる。次いでその時課の時刻に合う賛歌を唱える。そのあと詩編唱和、
「神のことば」と唱句が続く。各時課は祈願で結ばれるか、また少なくとも共
同で唱えるときには「賛美と感謝のうちに」、「アーメン」の応唱で結ばれる。

80.　伝統に基づいて、時刻に合い、また時間の聖化をよりよく保証できる
ような種々の賛歌および祈願が、各時課のために提供されている。したがって
一つの時課だけを唱える者はその時課に合ったものを選ぶ。
　なお、「神のことば」と祈願は日、季節、祝日の性格に応じて変化する。

81.　詩編唱和には通常の詩編唱和と補充詩編による唱和の2種類がある。
時課を一つしか唱えない者は通常の詩編唱和を用いるが、それ以上唱える者は
一つの時課のために通常の詩編を、その他の時課のために補充詩編を用いる。

82.　通常の詩編唱和は、その箇所に他の指示がないかぎり、詩編書（年間
共通）の周期による三つの詩編（長い詩編の場合は分割された三つの部分）と
それぞれの先唱句とからなる。
　祭日、過越の3日間、復活の8日間には、特別の詩編がないかぎり、また祭
日が主日と重ならないかぎり、補充詩編から三つの詩編を選んで固有の先唱句
とともに唱える。祭日が主日と重なる場合には第1週の主日の詩編を用いる。

83.　補充詩編は一般に、「昇階詩編」と呼ばれるものの中から選ばれた三
つの詩編からなる。

第6節 「寝る前の祈り」

84. 「寝る前の祈り」は一日の最後の祈りであって、就寝前に唱える。時として真夜中を過ぎることがあっても同様である。

85. 「寝る前の祈り」は他の時課と同じく「神よ、わたしを力づけ……」「栄光は父と子と聖霊に……」「アレルヤ」（四旬節には省く）のことばで始まる。

86. 次に良心の糾明を行うことが勧められる。これは共唱の場合には沈黙で行うか、あるいは「ローマ・ミサ典礼書」の回心の祈りの式文を用いて行う。

87. 次に適切な賛歌を唱える。

88. 主日の詩編唱和では「前晩の祈り」（第1晩課）のあとには詩編4および134、当日の「晩の祈り」（第2晩課）のあとには詩編91を唱える。
　他の日には、とくに神への信頼を起こさせるような詩編が選ばれている。しかし、とくに暗唱して「寝る前の祈り」を唱えようと望む者は、主日の詩編を用いることもできる。

89. 詩編唱和のあと、「神のことば」があり、続いて答唱「父よ、あなたにゆだねます」を唱える。次に福音の歌「ヌンク・ディミッティス」をその交唱とともに唱える。この歌はある意味で「寝る前の祈り」全体の頂点である。

90. 結びの祈願は詩編書（年間共通）に記されているとおりに唱える。

91. 祈願のあと、祝福のことば「この夜を安らかに過ごし……」を唱える。単独で唱える場合も同様である。

92. ここで聖母賛歌の中の一つを唱える。復活節にはいつも「天の元后喜

びたまえ、アレルヤ」（レジナ・チェリ）を唱える。「教会の祈り」の本に記されている聖母賛歌の他に、司教協議会は他の聖母賛歌を認可することができる[138]。

第7節　「教会の祈り」とミサ、あるいは二つの時課を　合わせて唱える方法

93.　特別の場合、必要であれば、公的あるいは共同的祭儀において、ミサと「教会の祈り」の時課とを以下の規則に従って合わせることができる。ただし、ミサと時課は同一の典礼でなければならない。なお、とくに主日には、司牧上の支障がないよう注意しなければならない。

94.　歌隊あるいは共同で、ミサの直前に「朝の祈り」を唱える場合、とくに週日には「朝の祈り」の「初め」の唱句と賛歌をもって、あるいは、とくに祝祭日には行列を伴う入祭の歌および司式者のあいさつで始めることができる。いずれの場合も、用いなかった最初の部分は省く。

次に、「朝の祈り」の詩編を通常どおりに唱える。「神のことば」は省く。詩編唱和のあと、回心の祈りと、適当であれば、いつくしみの賛歌（キリエ）を省き、典礼注記に従って栄光の賛歌（グロリア）を唱え、司式者はミサの集会祈願を行う。その後は通常どおりのことばの典礼が続く。

共同祈願はミサの順序と形式に従って行う。しかし週日の朝のミサには「朝の祈り」の共同祈願を、毎日の共同祈願の代わりにすることができる。

聖体拝領と固有の拝領唱が終わったあと、ザカリヤの歌を「朝の祈り」の交唱とともに歌う。次いで、拝領祈願その他は通常どおりに唱える。

95.　「昼の祈り」すなわち3時課、6時課、9時課を時刻に合わせてミサの直前に公に唱える場合には、とくに週日にはその時課の「初め」の唱句と賛歌をもって、あるいは、とくに祝祭日には行列を伴う入祭の歌および司式者のあいさつで始めることができる。いずれの場合も用いなかった部分は省く。

138　第二バチカン公会議『典礼憲章』38参照。

　次にその時課の詩編を通常どおりに唱える。「神のことば」は省く。詩編唱和のあと、回心の祈りと、適当であれば、いつくしみの賛歌（キリエ）とを省き、典礼注記に従って栄光の賛歌（グロリア）を唱える。それから、司式者はミサの集会祈願を唱える。

　96.　「朝の祈り」と同じ方法で「晩の祈り」もその直後に挙行されるミサと合わせることができる。しかし祭日、主日、主日と重なる主の祝日の「前晩の祈り」は、前日あるいは土曜日のミサが挙行されたあとでなければ唱えることはできない。

　97.　「昼の祈り」すなわち3時課、6時課、9時課、あるいは「晩の祈り」がミサに引き続いて唱えられるときには、ミサは拝領祈願まで通常どおり行う。
　拝領祈願の後、直ちにその時課の詩編唱和を始める。「昼の祈り」の場合は、詩編唱和が終わり次第、「神のことば」を省いて直ちに祈願と派遣を、ミサのように行う。「晩の祈り」の場合には、第3唱和が終わった後、「神のことば」を省いて直ちにマリアの歌をその交唱とともに歌う。それから共同祈願と主の祈りを省いて、結びの祈願を唱え、会衆を祝福する。

　98.　降誕祭の夜を除いて、通常はミサを「読書」と合わせて行うことはしない。ミサには固有の朗読配分があり、「読書」の朗読配分とは区別されなければならないからである。しかし、例外的にミサと合わせる場合には、「読書」の第2朗読とその答唱を唱えた後、他を省いて、直ちに、唱える必要があるときには栄光の賛歌（グロリア）から、そうでなければ集会祈願からミサを始める。

　99.　「読書」を他の時課の直前に唱えるとき、「読書」の初めに、その時課の賛歌を唱えることができる。さらに「読書」の終わりには祈願と「結び」を省き、また次の時課の「初め」の唱句を「栄光は父と子と聖霊に……」とともに省く。

第3章
「教会の祈り」の種々の要素

第1節　詩編とキリスト者の祈りにおけるその必要性

100.　教会は「教会の祈り」の中で、大部分は、聖霊の霊感のもとに旧約の聖なる著者が作った優れた詩を使って祈りをささげる。実際これらの詩には、その初めから、すばらしい力が備わっていて、人々の精神を神に上げ、敬虔な聖なる感情を呼び覚まし、順境にあっては感謝の念を起こさせ、逆境にあっては慰めと勇気をもたらすことができるのである。

101.　教会の祈りは、主キリストのうちに現れた時の充満から力を受け取るとはいえ、詩編はただその影を映し出しているにすぎないから、すべてのキリスト者が一致して詩編を非常に高く評価しているとしても、ある人がこの優れた詩を自分の祈りにしようとするとき、ある種の困難を時には感じることがあっても不思議ではない。

102.　しかし詩編作者に霊感を与えた聖霊は、善意をもって信仰を込めてこの詩を歌う人々を、つねにその恩恵をもって助ける。そのうえ、各人がそれぞれの力に応じて「聖書、とくに詩編に関するいっそう豊かな教養を身に着け」[139]、また詩編を唱えるときにはどのようにすれば正しく祈れるかを理解する必要がある。

103.　詩編は朗読でも散文の祈りでもなく、賛美の詩である。詩編は朗読の形式で唱えられたことが過去にあったとしても、その文学類型上、正しくはヘ

139　第二バチカン公会議『典礼憲章』90。

ブライ語で「テヒリム」すなわち「賛美の歌」、ギリシャ語で「プサルモイ」すなわち「琴の音に合わせて歌う歌」と呼ばれるものなのである。実際、すべての詩編は音楽的性格を有しており、そこから詩編のふさわしい唱え方が決まる。このため、詩編を歌わずに唱える場合でも、あるいは、一人で黙読するときでさえも、詩編の音楽的性格に留意する必要がある。つまり、詩編は信者の精神にある文章を提供するが、それはむしろ詩編を唱えたり聞いたりする者の心、あるいは詩編を「琴と竪琴」をもって奏でる者の心を動かすことに向けられている。

104.　したがって、正しく詩編を唱える者は、一節一節を黙想しながら唱え、聖霊の望みにこたえるようつねに心の準備をしている。実に詩編作者に霊感を与えられた聖霊は、恵みを受ける準備ができている敬虔な人々を助けられるのである。このため詩編唱和は神の尊厳にふさわしい尊敬とともに、喜びと優しい愛の心で行われなければならない。これは聖なる詩や神聖な歌、とりわけ神の子らの自由にふさわしいことである。

105.　わたしたちは喜びのうちに神に感謝し、神をたたえるために、あるいは苦しみのうちにあって神に叫び声を上げるために、しばしば詩編のことばを借りて、たやすくまた熱心に祈ることができる。これに反して、とくに神に直接語りかけていない詩編の場合には、ある種の困難を感じることがある。詩編作者はまさに詩人であるために、イスラエルの歴史を思い起こしながらしばしば民に語りかけ、時には他のものに、理性を欠く被造物にさえ呼びかけることがある。さらに、神自身と人間に語らせ、詩編2のように神に逆らう者にさえ語らせる。このことから、詩編は教会の作った祈りや集会祈願と同じ様式の祈りではないことが明らかである。そのうえ必ずしも神に話しかけるのではなく、神の前で歌うことは詩編の詩的、音楽的性質に合致することであり、聖ベネディクトが勧めることでもある。「どのように神と天使たちの前に身を置くべきかを考えよう。そして、精神が声と一致するように詩編を唱えよう」[140]。

140　聖ベネディクト『戒律』（*Regula monasteriorum*, c. 19）。

106.　詩編を唱える者は、それぞれの詩編が悲嘆・信頼・感謝などの文学類型、あるいは聖書解釈学者が正しく評価する他の文学類型に従って呼び起こす感情に、心を開く。

107.　詩編を唱える者はことばの意味を十分くみ取りながら、信じる者の人間生活にとってそのときの文章がもっている重要性に注意を払う。

　それぞれの詩編が特定の状況の下に作られたことは確かであり、ヘブライ語の詩編書において各詩編の冒頭に記されている表題は、そのことを粗描しようとしている。しかし、その歴史的起源がどのようなものであっても、一つ一つの詩編には本来の意味があり、今日でもそれを無視できない。これらの詩は遠い昔、中近東に生まれたものではあるが、あらゆる時代のあらゆる地方の人々の苦悩と希望、悲惨と信頼を巧みに表現しており、とくに神に対する信仰と啓示とあがないを歌っている。

108.　「教会の祈り」で詩編を唱える者は個人としてよりも、むしろキリストのからだ全体の名によって、さらにはキリスト自身として唱えるのである。このことをわきまえるならば、詩編を唱えるとき、たとえば悲しみに打ちひしがれているのに喜びの詩編に出会い、あるいは幸せなのに嘆きの詩編に出会うといったように、自分の心の動きが詩編の表現している情緒と一致しないことに気づいたときに感じられる困難さも消えてなくなる。まったく私的な祈りにおいては、自分の感情に合った詩編を自由に選ぶことができるので、このようなことを避けるのは容易である。しかし、「教会の祈り」においては、個人の資格で詩編を唱えるのではない。たとえ一人で時課を唱えても、詩編は教会の名によって公式な周期に従って唱えられる。教会の名によってこのように詩編を唱える者はつねに喜びや悲しみの動機を見いだすことができる。この意味においても、「喜ぶ人とともに喜び、泣く人とともに泣」く（ローマ 12・15）という使徒のことばが当てはまるからである。こうして、自愛心に傷つけられた人間の弱さは、詩編を唱える声に心が一致する[141] その愛の度合いに応じて、いやされるのである。

141　同参照。

109. 教会の名によって詩編を唱える者は詩編の十全な意味、とくにそのメシア的意味に注目しなければならない。教会が詩編を用いるのはそのためだからである。このメシア的意味は新約において完全に現され、さらに使徒たちに述べた主キリスト自身の次のことばによって宣言された。「わたしについてモーセの律法と預言者の書と詩編に書いてあることがらは、必ずすべて実現する」（ルカ24・44）。このことについてのもっとも有名な例はマタイ書に記されているダビデの子でありダビデの主であるメシアに関する対話で[142]、詩編110はそこではメシアについての詩編として理解されている。

　同じ方法で聖なる諸教父は詩編全体をキリストと教会に関する預言として受け取り、説明している。また典礼において詩編は同じ理由によって選ばれている。時には少し不自然な解釈をすることがあっても、一般に教父も典礼も詩編の中に、父に向かって叫ぶキリスト、あるいは子に話しかける父の声を正しく聞き、また教会、使徒、殉教者の声をも認めた。この解釈法は中世になお盛んであった。実際、中世に作られた多くの詩編の写本には、詩編を唱える人のために各詩編の表題の中でキリスト論的意味が提示されていた。キリスト論的解釈はメシア的と考えられている詩編に限定されることなく、多くの他の詩編にも広げられている。中には単なる適用にすぎないものもあることは疑いないが、しかしそれは教会の伝統によって勧められたものである。

　とくに祝祭日の詩編唱和のために、詩編はキリスト論的理由によって選ばれ、これを明らかにするため、ほとんどの先唱句は詩編そのものから引用されている。

第2節　先唱句と詩編の祈りを助ける他の諸要素

110. ラテン教会の伝統の中で、詩編を理解させるため、あるいはそれをキリスト教的な祈りにするために大きな役割を果たしたのは、表題、詩編祈願、そしてとくに先唱句の三つである。

111. 「教会の祈り」の詩編書（年間共通）には信者の生活にとってそれぞ

142　マタイ22・44以下。

れの詩編がもつ意味と重要性を示す表題がついている。これらの表題が「教会
の祈り」の本に記されているのは詩編を唱える者の利便のためだけである。ま
た、新しい啓示の光に照らして祈りが行われるようにするために、新約あるい
は教父のことばの一節が加えられて、キリスト論的意味で祈るように勧められ
ている。

112.　「教会の祈り」の本（ローマ規範版）の補遺には、詩編を唱える者にと
ってとくにそのキリスト教的解釈の助けとなる詩編祈願が各詩編のために収録
されており、古い伝統に従って任意に使用することができる。すなわち詩編を
唱え終わり、しばらく沈黙を守ったあと、この祈願は詩編を唱える人の心情を
一つにまとめて締めくくる。

113.　それぞれの詩編には先唱句がついている。「教会の祈り」を歌わずに
唱えるとき、また一人で唱えるときにも先唱句を用いる。先唱句は詩編の文学
類型を明らかにするのに役立ち、詩編を自分の祈りに変えさせ、また見逃しや
すいが注目に値することばを浮き彫りにし、ある詩編には種々の状況に応じて
特別の色合いを与え、さらに根拠のない適応を排除するかぎり、詩編のもつ象
徴的または祝祭的意味を理解するのを大いに助け、詩編唱和に楽しみと変化を
もたせることができる。

114.　詩編書（ローマ規範版）の先唱句は各国語に訳すことができるよう、さ
らに本総則 125 でいわれているように各段落のあとで繰り返すこともできるよ
うに編集されている。年間の聖務を歌わずに唱える場合には、適当であれば、
これらの先唱句の代わりに、各詩編の前に記されている（新約の）一節を用い
ることもできる（本総則 111 参照）。

115.　一つの詩編を、その長さのために、同一時課の中でいくつかの部分に
分割できる場合、とくに歌うときに変化をもたせたり、詩編の豊かさをよく理
解させたりするため、それぞれの部分に固有の先唱句がつけられている。しか
し第一の先唱句を用いるだけで、中断することなく詩編全体を唱えることもで
きる。

116.　過越の 3 日間、復活および降誕の 8 日間、待降節・降誕節・四旬節・復活節の主日、聖週間と復活節の週日、12 月 17 日から 24 日までの週日には「朝の祈り」と「晩の祈り」のそれぞれの詩編に固有の先唱句がある。

117.　祭日には「読書」、「朝の祈り」、3 時課、6 時課、9 時課、「晩の祈り」のために固有の先唱句がある。ない場合には共通のものを用いる。祝日の「読書」、「朝の祈り」、「晩の祈り」のためにも同様にする。

118.　聖人の記念日に固有の先唱句があるならば、それを用いる（本総則 235 参照）。

119.　ザカリヤの歌およびマリアの歌の交唱は、季節の聖務のためには「季節固有」の交唱があればそれを用い、ない場合には「年間共通」のものを用いる。祝祭日には、「祝日固有」のものがあればそれを用い、ない場合には「祝日共通」のものを用いる。固有の交唱のない記念日には週日の交唱あるいは共通の交唱を任意に選ぶ。

120.　先唱句または交唱の意味に合わないのでないかぎり、復活節にはすべての先唱句と交唱に「アレルヤ」を加える。

第 3 節　詩編の唱え方

121.　詩編を唱える人が詩編の霊的、文学的な香りをよく味わうことができるようにするために、詩編の文学類型あるいはその長さによって、さらに詩編がラテン語で唱えられるか国語で唱えられるかによって、またとくに一人で、あるいは幾人かで、さらには会衆とともに行われる祭儀の中で唱えられるかによって、種々異なった詩編の唱え方を用いることができる。詩編は祈りの一定の量として用いられるのではなく、それぞれの詩編の違いと固有の性格が考慮されているのである。

122.　詩編は伝統や経験によって認められた種々の方法で歌うか唱えるかす

る。すなわち詩編全体を続けて（または「一気に」）唱えるか、あるいは二つ
の歌隊もしくは二つに分けられた会衆が各節または数節を交互に唱えるか、あ
るいは答唱形式で唱える。

123.　本総則 113-120 に指示されているように、各詩編の前にはその先唱句
を唱える。一つの詩編全体が終わるときには「栄光は父と……」「初めのよう
に……」で結ぶ習慣を保存する。「栄唱」は伝統が勧めているふさわしい結び
であり、旧約の祈りに賛美の意味、キリスト論的、三位一体論的意味を付与す
る。その後、適当であれば先唱句を繰り返す。

124.　長い詩編が用いられるときには、詩編の客観的意味を尊重しながらも、
詩編唱和にあたって時課の 3 部構造が分かるような区分が詩編書の中に記載さ
れている。

　とくにラテン語で歌隊共唱で行われる場合には、各部分の終わりに栄唱をつ
けて、この区分を守ることが望ましい。

　しかし、このような伝統的方法を守ることも、あるいは詩編の各部分の間に合
間を置くことも、あるいは先唱句のあと続けて詩編全体を唱えることもできる。

125.　そのほか、詩編の文学類型上好ましい場合には詩編の段落の区分も示
してあるが、それはとくに国語で詩編を歌う場合、各段落のあとに先唱句を入
れることもできるようにするためである。その場合、栄唱は詩編全体の終わり
に加えれば十分である。

第 4 節　詩編配分の原則

126.　詩編は 4 週間周期で配分されている。その際、詩編の省略はごくわず
かなものに限るとともに、他方、伝統的に重んじられてきた詩編はしばしば繰
り返し、さらに「朝の祈り」、「晩の祈り」、「寝る前の祈り」のためには、それ
ぞれの時課に応じた詩編を配置することを基準とした[143]。

143　第二バチカン公会議『典礼憲章』91 参照。

127. 「朝の祈り」と「晩の祈り」はさらなる会衆の参加を目指しているので、この両時課のためには、会衆とともに行うのに適した詩編が選んである。

128. 「寝る前の祈り」には本総則 88 に記された規則を守る。

129. 主日には、「読書」および「昼の祈り」のためにも、過越の神秘を表すものとして伝統的に有名な詩編が選ばれている。金曜日には悔い改めまたは受難と関係のあるいくつかの詩編が選ばれている。

130. 詩編 78、105、106 の 3 詩編は、新約で実現されることがらの予告（prenuntio）としての旧約の救いの歴史をより明らかにするものなので、待降節、降誕節、四旬節、復活節に用いられる。

131. 呪いの色彩の強い 58、83、109 の 3 詩編は「年間共通」の詩編書から省かれる。同じく、いくつかの詩編からある節を省くが、それはそれぞれの詩編の冒頭に記されている。これらの省略はある心理的困難を避けるためである。ただし、呪いの詩編自体はたとえば黙示録 6・10 のように新約の信心にも見いだされるし、決して呪いの精神を吹き込むためのものではない。

132. 一つの時課に入れるには長すぎる詩編は、数日にわたって同一の時課で唱えるよう配分されている。それは他の時課を唱える習慣のない人でも、その詩編を全部唱えることができるようにするためである。たとえば詩編 119 は伝統的に昼間唱えられるものであるから、この詩編自体の区分に基づいて、22 日間に分けて「昼の祈り」に配分される。

133. 「年間共通」詩編書の 4 週間周期は典礼暦年と関連があって、待降節第 1 主日、年間第 1 週、四旬節第 1 主日、復活節第 1 主日には他の週を省き、詩編周期の第 1 週に戻る。
　聖霊降臨のあとは、年間の 4 週間周期の系列に従うので、「年間固有」の該当週の冒頭に指示されている詩編周期の週に移る。

134.　祭日と祝日、過越の 3 日間、復活と降誕の 8 日間には、「読書」のため伝統によって認められている詩編の中から固有の詩編が選定されており、またその適合性は大抵の場合先唱句によって明らかにされている。同じことはいくつかの主の祭日ならびに復活の 8 日間中の「昼の祈り」にも見られる。「朝の祈り」のためには、詩編および旧約の歌は、「年間共通」詩編書の第 1 主日から取る。祭日の「前晩の祈り」のためには、詩編は古い習慣に倣って、賛美の歌（ラウダーテ）の系列から選ぶ。祭日と祝日の「晩の祈り」には、固有の詩編と新約の歌がある。上述した祭日および主日と重なる祭日を除き、祭日の「昼の祈り」のためには、詩編は補充詩編から選ばれる。祝日の「昼の祈り」には当週当曜日の詩編を唱える。

135.　その他の日には、固有の先唱句ならびに詩編がある場合を除き（本総則 235 参照）、当週当曜日の詩編を唱える。

第 5 節　旧約の歌と新約の歌

136.　「朝の祈り」では、習慣に従い、二つの詩編の間に旧約の歌が挿入されている。ローマ教会の古い伝統によって受け入れられている一連の歌と、聖ピオ十世によって「教会の祈り」に加えられた歌の他に、4 週間にわたって毎日週日固有の歌を唱えることができるよう、旧約の種々の書物から多くの歌が選ばれて詩編書に加えられた。主日には「三人の若者の歌」が二分されて隔週ごとに唱えられる。

137.　「晩の祈り」には二つの詩編のあと、使徒の手紙あるいは黙示録から取られた新約の歌が取り入れられている。七つの歌が毎週の各曜日のために指定されている。四旬節の主日には、黙示録のアレルヤの歌の代わりに、ペトロの手紙一の歌を唱える。なお、主の公現の祭日および主の変容の祝日にはテモテへの手紙一の歌を唱える。

138.　福音の歌、すなわちザカリヤの歌（ベネディクトゥス）、マリアの歌（マニフィカト）、シメオンの歌（ヌンク・ディミッティス）は、福音朗読を聞

くときと同じ荘厳さと品位をもって行われる。

139.　詩編唱和も聖書朗読も、伝統の法則を固く守って構成されており、まず旧約聖書、次いで使徒書、最後に福音が置かれている。

第6節　聖書朗読

a　聖書朗読一般について

140.　古い伝統によって典礼の中で公に行われてきた聖書朗読は、「感謝の祭儀」ばかりでなく「教会の祈り」においても、すべてのキリスト信者にとってもっとも大切にされるべきものである。それは個人的な選択や好みではなく教会自身によって定められたものだからである。キリストの花嫁は「1年を周期としてキリストの神秘全体を、受肉と降誕から昇天、聖霊降臨の日まで、そして幸いな希望と主の来臨の待望へと展開している」[144]。そのうえ、典礼祭儀においては、朗読が豊かな実をもたらすよう、また祈り、とくに詩編の祈りが朗読によってよく理解され深められるよう、聖書朗読にはつねに祈りが伴う。

141.　「教会の祈り」には聖書の長い朗読と短い朗読とがある。

142.　「朝の祈り」および「晩の祈り」の中で随意に行うことのできる長い朗読については、上記本総則 46 に説明されている。

b　「読書」の中の聖書朗読周期

143.　「読書」の中の聖書朗読周期においては、尊敬に値する伝統によって聖書の特定の書物を読むことになっている聖なる季節とミサの朗読周期との二つを考慮しなければならない。すなわち「教会の祈り」とミサが結ばれることによって、「教会の祈り」の聖書朗読はミサの聖書朗読を補うとともに、救い

144　第二バチカン公会議『典礼憲章』102。

の歴史全体の展望を明らかにすることができるのである。

144.　本総則 73 に記されている例外を除いて、「教会の祈り」では福音を読まない。それは、ミサの中で毎年福音全体を読むからである。

145.　2 種の聖書朗読周期がある。一つは「教会の祈り」の本に記載されていて、1 年周期のものであり、もう一つは補遺に載せられていて任意に使用できるもので、年間週日のミサの聖書朗読のように 2 年周期である。

146.　2 年周期の聖書朗読は聖書のほとんどすべての書物を毎年読むことができるようにするとともに、ミサでは到底読めない長くて難解な箇所を「教会の祈り」に配分している。ただし、新約聖書は一部をミサで、他の部分を「教会の祈り」で読むことによって、毎年、全部を朗読するが、旧約聖書は救いの歴史の理解のためと信仰心の育成のために大切な部分が選ばれている。
　しかし、「教会の祈り」の朗読とミサの朗読をよく調整して、同じ日に同じ聖書の箇所が重なったり、同じ時期に同じ書物が配分されることがないよう、またあまり重要でない朗読箇所を「教会の祈り」のほうに回したり、朗読箇所の順序を乱したりすることがないようにしなければならない。そのような朗読配分の調整のためには、同一の書物をミサと、「教会の祈り」の中で 1 年交替で読むとか、同じ年に読む場合は、一定の期間を空けて読むことが必要である。

147.　待降節には古来の伝統によりイザヤの書から取った朗読箇所が読まれる。これは準継続朗読であり、1 年ごとに交互に読まれる。さらにルツ記、ミカ書の特定の預言を加える。12 月 17 日から 24 日までは特別に指定された朗読を行うので、待降節第 3 週に朗読できなかった箇所は省略する。

148.　12 月 29 日から 1 月 5 日まで、第 1 年にはコロサイの信徒への手紙を読む。この手紙によって主の受肉は救いの歴史全体の中で考察される。第 2 年には雅歌が読まれる。この書物にはキリストにおける神と人との一致がほのめかされている。「神なる御父が神なるご自分の御子のために婚礼の宴を張ったときとは、この御子を処女の胎内で人間性に結び合わされたときであり、永遠

の神が世の終わりに人となることを望まれたときであった」[145]。

149. 1月7日から公現後の土曜日まで、イザヤ書の60～66章ならびにバルク書から終末論的箇所を読む。朗読できなかった箇所は、その年には省略する。

150. 四旬節には、第1年は申命記ならびにヘブライ人への手紙からの抜粋を読む。第2年は出エジプト記、レビ記、民数記から救いの歴史の展望が示される。ヘブライ人への手紙は古い契約をキリストの過越の神秘に照らして解説する。同じ手紙から聖金曜日には、キリストのいけにえについての抜粋（9・11-28）を、聖土曜日には主の安息についての抜粋（4・1-13）を読む。聖週間の他の日には、第1年は、イザヤ書から主のしもべの第3の歌と第4の歌、ならびに哀歌から取られた箇所を読む。第2年は苦しむキリストの姿としてエレミヤの預言を読む。

151. 復活節には、第1主日、第2主日、および主の昇天と聖霊降臨の祭日を除き、伝統に従って第1年はペトロの手紙一、ヨハネの黙示録とヨハネの手紙を読み、第2年は使徒言行録を読む。

152. 主の洗礼の主日後の月曜日から四旬節まで、また、聖霊降臨後の月曜日から待降節まで、年間の34週の系列が続く。

この年間の週の系列は灰の水曜日から聖霊降臨まで中断する。聖霊降臨の主日後の月曜日に、四旬節によって中断された週の次の週から年間の朗読を再開する。その際、その週の主日のために指定されている朗読は省略される。

年間の週が33しかない年には聖霊降臨の直後に来る週間を省略する。それは、終末論的性格をもつ最後の数週の朗読がつねに読まれるようにするためである。

旧約の諸書は救いの歴史に従って配列されている。すなわち神は民の歩みの中で自らを現し、民は段階的に導かれ照らされてゆく。したがって預言書はそ

---

145 聖大グレゴリオ『福音書講話』（*Homilia 38 in Evangelia*: PL 76, 1283［熊谷賢二訳、創文社、1995年、186頁］）。

の預言者が生きて教えていた時代を考慮に入れて歴史書と一緒に読む。そのため、第1年には旧約聖書の朗読系列として、ヨシュア記から追放の時までを含めて歴史書と預言者のことばを同時に読む。第2年には四旬節の前に創世記を読み終えた後、追放後からマカバイの時代までの救いの歴史を再開する。この2年目には、後代の預言者、知恵文学の諸書、ならびにエステル記、トビト記、ユディト記の物語が編入されている。

　特定の季節に読まれない使徒の手紙は、ミサの朗読と書かれた年代の順を考慮に入れて配分されている。

　153.　　1年周期の場合は、それがミサの2年周期の朗読を補うものであることを考慮に入れて、聖書の選択された部分を毎年読むように短縮されている。

　154.　　祭日と祝日には固有の朗読が指定されているが、そうでない場合は、聖人共通の部からその朗読を取る。

　155.　　それぞれの朗読箇所はできるだけ一貫性を保つようにしてある。したがって、朗読箇所の長さは諸書の文学類型の違いによって異なるとはいえ、適当な長さを越えないように時にはいくつかの節を省略することがある。この場合、必ず指示されている。ただし、認可された聖書を用いて全部を朗読することは勧められている。

c　「神のことば」

　156.　「神のことば」の「教会の祈り」における重要性が本総則45に記されているが、この「神のことば」は一つの考えあるいは勧告を的確明瞭に表すために選ばれている。さらにそれに変化をもたせるように留意されている。

　157.　　したがって、年間のため4週間にわたる「神のことば」の系列が詩編書（年間共通）に記されており、朗読は4週間毎日変わる。そのうえに待降節、降誕節、四旬節、復活節のためにも週による「神のことば」の系列がある。なお祭日、祝日ならびに特定の記念日のためには固有の「神のことば」があり、

「寝る前の祈り」のためには1週間にわたる「神のことば」の系列がある。

158.　「神のことば」を選ぶにあたっては、次の諸点が守られた。

a)　伝統に基づいて福音書は除く。

b)　可能なかぎり、主日ならびに金曜日と各時課の性格をもたせる。

c)　「晩の祈り」の「神のことば」は新約の歌に続くため新約聖書だけから選ぶ。

第7節　教父および教会著作家の諸書

159.　ローマ教会の伝統に従って、「読書」の中で、聖書朗読のあと聖人言行録の朗読をしない場合（本総則 228-239 参照）、教父または教会著作家の諸書を、その答唱とともに読む。

160.　この朗読のために、東方教会および西方教会に属する聖なる教父、教会博士、他の教会著作家の諸書から朗読箇所が選ばれるが、教会で特別の権威が認められている教父の著作を第一にする。

161.　「教会の祈り」の本の中で毎日のために指定されている朗読の他に、任意に用いることのできる朗読書がある。この朗読書には、「教会の祈り」を唱える者に、教会の伝統の宝庫を大きく開くために、朗読箇所が豊富に載せてある。第2朗読として、「教会の祈り」の本、あるいは任意の朗読書のいずれからも選ぶことができる。

162.　そのうえ、司教協議会はその地域の人々の伝統や性質に合う他の朗読箇所を加えることができる。この朗読箇所は任意の朗読書の補遺として記載する。この朗読は、教えと信仰生活に優れたカトリック著作から選ぶ[146]。

163.　これらの朗読の役割は、主として教会がその伝統の中に受け止めてい

146　第二バチカン公会議『典礼憲章』38 参照。

るのと同じしかたで神のことばを黙想することにある。実に教会は「預言的、使徒的解釈の線が教会的、普遍的感覚にかなったものであるよう」[147] 信者に神のことばを権威をもって説き明かす必要があるとつねに主張してきたのである。

164.　教会の普遍的伝統が提供する文書を熟読することによって、読者は聖書をより深く黙想するようになり、聖書に対して強い愛着をもつようになる。実に、聖なる教父の著作は諸世紀を通じて行われた神のことばの黙想の輝かしいあかしであり、この黙想によって、受肉したみことばの花嫁、すなわち「夫であり神であるかたの考えと精神をもっている」[148] 教会は、日々、聖書のより深い理解に到達しようと努める。

165.　また教父の著作の朗読は、キリスト信者に典礼季節と祝日の意味を明らかにする。そのうえ、この朗読はキリスト信者に教会の偉大な遺産を形づくっているはかりしれない霊的宝庫の扉を開き、霊的生活の基礎ときわめて豊かな信仰心の糧を与える。そして神のことばの伝達者には説教の優れた模範が毎日手近に与えられる。

第8節　聖人言行録の朗読

166.　聖人言行録の朗読とは教父または教会著作で、祝われる聖人についての文書、またはその聖人に適用できる文書、あるいは、その聖人自身の著作の抜粋、あるいは、その聖人の伝記を指す。

167.　聖人固有の特別の朗読を作るにあたっては、歴史的真実性に注意し[149]、聖人言行録を読む、あるいは聞く人の真の霊的成長を考えなければならない。人を驚かせるだけの物語は避けるよう努める。そして現代の状況に適応した方法で聖人の固有の霊性に光を当て、教会の生活と霊性のために彼らの果たした役割の重要性を明らかにする。

147　レランスの聖ヴィンセンツィオ『忠言書』（*Commonitorium* 2: PL 50, 640）。

148　聖ベルナルド『説教』（*Sermo 3 in vigilia Nativitatis* 1: PL 183 [edit. 1879], 94）。

149　第二バチカン公会議『典礼憲章』92c 参照。

168. 聖人に関する簡単な歴史的記事と略歴を記した小伝は、説明のために朗読の前に置かれているだけであって、祈りの間に朗読するためのものではない。

第9節　答唱

169. 「読書」の中の聖書朗読には固有の答唱が続く。この答唱は伝統の宝庫から選ばれたもの、あるいは新しく作られたもので、今読まれた朗読を理解するために新しい光を投じ、あるいは朗読を救いの歴史の中に挿入し、旧約から新約への橋渡しをし、また、朗読を祈りと観想に導き、あるいはその詩的美しさによって快い変化をもたらすのである。

170. 同じく第2朗読にも、それに適した答唱が付加されているが、この答唱は朗読の内容とはさほど密接につながっていないため、より自由な黙想を助ける。

171. このため、答唱はその繰り返しの部分を含めて、個人的に「教会の祈り」を唱えるときでも意義をもっている。しかし、歌わずに唱えるだけの場合、繰り返しの部分は、意味の上から必要とされないかぎり、省くこともできる。

172. 上記本総則49および89に記されている「朝の祈り」、「晩の祈り」、「寝る前の祈り」の短い答唱、および3時課、6時課、9時課の唱句は答唱と同じように、しかしより簡潔に「神のことば」に答えるものであり、歓呼の声であって、神のことばが、聞く者あるいは読む者の魂に深く入っていくことを助ける。

第10節　聖書の歌以外の賛歌と歌

173. 賛歌は非常に古い伝統によって早くから「教会の祈り」のうちにその位置を得ていたが、このことは今日も変わりがない[150]。実際、賛歌はその叙情

150　第二バチカン公会議『典礼憲章』93参照。

的性質によってとくに神の賛美に向けられているだけでなく、会衆向きの部分であり、さらにほとんどの場合それぞれの時課あるいは個々の祝日の特性を、「教会の祈り」の他の部分よりも直接的に、また率直に表し、また敬虔に聖務を唱えるよう心を動かし惹き付ける。賛歌の文学的美しさは、しばしばその効果を高める。そのうえ賛歌は「教会の祈り」の中では教会の創作になる主要な詩的要素のようなものである。

174.　賛歌は伝統に従って栄唱で終わる。これは一般に、賛歌そのものが向けられているのと同じ神のペルソナに向けられる。

175.　年間の聖務（ローマ規範版）には、変化をもたせるため、すべての時課に 2 組の賛歌が用意されており、隔週にそれを用いる。

176.　そのうえ、年間の「読書」には夜間唱えるか、昼間唱えるかによって、2 組の賛歌が作られている。

177.　新しく取り入れられた（ラテン語の）賛歌は伝統的に用いられてきたものと同じ数と韻律の旋律で歌うことができる。

178.　国語で「教会の祈り」を行う場合、司教協議会はラテン語の賛歌を自国語の性質に合わせて改め、また、新しい賛歌を作る権限を有する[151]。その際、時課、季節、祝日の精神に適合するよう注意するとともに、何らの芸術的価値もなく、典礼の尊厳にもふさわしくない一般の歌を導入しないよう十分注意する。

151　同 38 参照。

第11節　共同祈願、主の祈り、結びの祈願

a　「朝の祈り」と「晩の祈り」の共同祈願または執り成しの祈り

179.　「教会の祈り」は神に賛美をささげるものである。しかしユダヤ教会の伝統もキリスト教の伝統も嘆願の祈りを賛美から切り離すことはせず、神の賛美から嘆願の祈りを何らかの方法で引き出すこともまれではない。使徒パウロも次のように勧めている。「願いと祈りと執り成しと感謝とをすべての人々のためにささげなさい。王たちやすべての高官のためにもささげなさい。わたしたちがつねに信心と品位を保ち、平穏で落ち着いた生活を送るためです。これは、わたしたちの救い主である神のみ前によいことであり、喜ばれることです。神は、すべての人々が救われて真理を知るようになることを望んでおられます」（一テモテ2・1-4）。この勧告を諸教父は、朝晩執り成しの祈りとしてささげるべきであるという意味にたびたび解釈している[152]。

180.　ローマ典礼のミサに再び取り入れられた執り成しの祈りは、後述するように、違った方法ではあるが「晩の祈り」でも行われる。

181.　さらに祈りの中で、朝、神にその日一日をゆだねるのは祈りの伝統であるから、「朝の祈り」のとき一日を神にゆだね、また奉献するために賛美の祈りを唱える。

182.　「晩の祈り」に唱える執り成しの祈りも、また、「朝の祈り」に唱えて一日を神に奉献する賛美の祈りも、ともに共同祈願（preces）と呼ぶ。

183.　変化をもたせるため、またとくに、教会と人々のさまざまな必要が身分・団体、人・条件・時の違いに応じてよりよく表明されるように、種々の共同祈願文が詩編書（年間共通）の毎日の部分のため、典礼暦年の季節（季節固

152　たとえば聖ヨハネ・クリゾストモ『テモテへの第一の手紙講話』（*In Epist. ad Tim. I*, Homilia 6: PG 62, 530）。

有）のため、また一部の祝日（祝日固有）のために作られている。

184.　そのうえ、司教協議会は「教会の祈り」の本に記載されている共同祈願を適応させ、あるいは新しい祈願を認可する権限をもっている[153]。ただし以下の規則を守らなければならない。

185.　主の祈りに見られるように、嘆願の祈りには神の賛美または神の栄光の告白、救いの歴史の記念を合わせるべきである。

186.　「晩の祈り」の共同祈願の最後の意向はつねに死者のためである。

187.　「教会の祈り」は、主として全教会のためと全世界の救いのためにする全教会の祈りであるから[154]共同祈願においては、普遍的な意向が必ず第一位を占めるべきであって、教会とその位階のため、国を治める人のため、貧困、病苦、悲嘆にあえぐ人々のため、全世界の必要のため、平和のため、またはこれに類する他のことがらのために祈る。

188.　しかし「朝の祈り」あるいは「晩の祈り」に特別の意向を加えることができる。

189.　「教会の祈り」の共同祈願は、会衆参加のときにも、小さな共同体のときにも、また個人で唱える場合にも適応できるような構造になっている。

190.　したがって、会衆とともに、あるいは共同で「教会の祈り」を唱えるとき、司祭あるいは司会者は短い招きのことばによって共同祈願の導入をする。この招きのことばの中に、会衆が繰り返し唱える一定の答唱句が含まれている（ローマ規範版）。

191.　意向は神に直接に向けられることばで表明する。これは共同で「教会

153　第二バチカン公会議『典礼憲章』38 参照。
154　同 83、89 参照。

の祈り」を行うときにも、個人で唱えるときにも通用するようにするためである。

192.　形式として、意向はすべて二つの部分から成り立ち、第2の部分は変化する答えとして用いることができる（ローマ規範版）。

193.　したがって、種々異なる方法を用いることができる。一つは司祭または司会者が両方の部分を唱え、会衆は答えを斉唱するか、または沈黙の間を置くようにする。他の方法は司祭または司会者が初めの部分だけを唱え、会衆が第2の部分を唱える。

b　主の祈り

194.　「朝の祈り」と「晩の祈り」は会衆の参加が勧められる時課であるから、教会の尊敬に値する伝統に従い共同祈願のあとに主の祈りを唱える。

195.　したがって、今後、主の祈りは日に3度、すなわち、ミサ、「朝の祈り」、「晩の祈り」に荘厳に唱えることになる。

196.　主の祈りは一同で唱える。適当であれば、その前に短い招きのことばを述べる。

c　結びの祈願

197.　すべての時課の終わりに、締めくくりとして「結びの祈願」を唱える。この祈願は、公にまた会衆の参加のもとに「教会の祈り」を唱えるときには、伝統に従って司祭または助祭が唱える[155]。

198.　この「結びの祈願」は、通常、「読書」においてはミサの集会祈願と

155　本総則 256 参照。

同じである。「寝る前の祈り」ではつねに「年間共通」詩編書にある祈願を唱える。

199.　「朝の祈り」および「晩の祈り」の「結びの祈願」は主日、待降節、降誕節、四旬節、復活節それぞれの週日、ならびに祭日、祝日、記念日には、固有のものを唱える。年間の週日には、それらの時課に固有の特性を表すため、その日の「年間共通」詩編書に指定されている祈願を唱える。

200.　3 時課、6 時課、9 時課、すなわち「昼の祈り」の「結びの祈願」は主日、待降節、降誕節、四旬節、復活節それぞれの週日ならびに祭日、祝日、記念日には、固有のものを唱える。他の日には詩編書に記されていて、それぞれの時課の特性を表す祈願を唱える。

第 12 節　聖なる沈黙

201.　一般に典礼行為の中では、「しかるべきときには、聖なる沈黙を守」るよう[156]配慮しなければならないので、「教会の祈り」を行う際にも、沈黙の機会を与えなければならない。

202.　したがって、聖霊の声を心の中によく響かせるため、また、個人の祈りを神のことばや教会の公の声に深く一致させるため、適宜に、そして賢明に沈黙の間を置くことができる。すなわち、各詩編のあとで、あるいは習慣に従って先唱句を繰り返したあとで、とくにその沈黙の後に詩編祈願（本総則 112 参照）を加えるとき、あるいは長短いずれかの朗読に続く答唱の前か後ろかに沈黙の間を置くことができる。

しかし、聖務の構造を曲げたり、参加者に面倒や倦怠を感じさせるような沈黙を導入しないように注意しなければならない。

203.　一人で「教会の祈り」を唱えるときには、霊的感動を呼ぶ文章を黙想

156　第二バチカン公会議『典礼憲章』30。

するため自由に時間を取ることができる。このために「教会の祈り」がその公
的性格を失うことはない。

第4章
1年を通しての種々の祝祭

第1節　主の神秘の祭儀

a　主日

204.　主日の「教会の祈り」は「前晩の祈り」から始まり、固有のものとして記されたもの以外はすべて「年間共通」詩編書から取る。

205.　主の祝日が主日に祝われるときは、祝日の固有の「前晩の祈り」を唱える。

206.　主日の徹夜を適宜に行う方法については上記本総則73に述べられている。

207.　実行可能なところでは、きわめて古い習慣によって、少なくとも「晩の祈り」の祭儀を会衆とともに行うことは非常に望ましいことである[157]。

b　過越の3日間

208.　過越の3日間の「教会の祈り」は「季節固有」に指示されているとおりに行われる。

209.　主の晩餐の夕べのミサあるいは聖金曜日の祭儀にあずかる者はその日

157　第二バチカン公会議『典礼憲章』100参照。

の「晩の祈り」を唱えない。

210.　聖金曜日、聖土曜日には、できるかぎり「朝の祈り」の前に「読書」を公に会衆とともに行うようにする。

211.　聖土曜日の「寝る前の祈り」は復活徹夜祭に参列しない者だけが唱える。

212.　復活徹夜祭は「読書」の代わりとなる。したがって復活徹夜祭の盛儀に参列しない者は、徹夜祭から少なくとも四つの朗読を選んで歌および祈願とともに朗読する。出エジプト記、エゼキエル書、使徒書、福音書の朗読を選ぶことが望ましい。朗読に続いて賛美の賛歌（テ・デウム）と当日の祈願を唱える。

213.　復活の主日の「朝の祈り」は全員唱える。もっとも聖なる日の終わりを尊び、また、主が弟子に現れたことを記念するために「晩の祈り」はより荘厳に行うことが望ましい。復活の日に詩編を歌いながら洗礼の泉まで行列する「洗礼の晩の祈り」を行う特別の伝統がある地方では、これを保つよう注意する。

c　復活節

214.　「教会の祈り」は多くの先唱句と交唱に結びとして付け加えられる「アレルヤ」によって復活の性格をもつものとなる（本総則 120 参照）。そのうえ賛歌、先唱句と交唱、特別な共同祈願、さらに各時課に固有の「神のことば」によっても復活の色彩を帯びるようになる。

d　主の降誕

215.　主の降誕の夜、ミサの前に「読書」をもって徹夜祭盛儀を祝うことが望ましい。この徹夜祭に参加する者は「寝る前の祈り」を唱えない。

216.　降誕の日の「朝の祈り」は慣習により早朝のミサの前に唱える。

e　その他の主の祝祭日

217.　主の祝祭日のための聖務日課については、必要な変更を加えたうえで本総則 225-233 の規定に従う。

第2節　聖人の祝祭

218.　聖人の祝いは、救いの神秘そのものを祝う祝日または典礼季節に優先しないように [158]、また詩編朗読と聖書朗読の周期を随所で乱したり不必要な繰り返しをさせたりしないように、そして個々の聖人への正当な信心が適切にはぐくまれるように構成されている。第二バチカン公会議の決定によって実施された典礼暦の改革も、以下に記す「教会の祈り」における聖人の祝い方も、ともにこれらの原則に根拠を置いている。

219.　聖人の祝祭には祭日、祝日、記念日がある。

220.　記念日には義務のものと任意のものとがある。何の指示もない場合は任意の記念ができる日である。任意の記念を会衆とともにまたは共同で「教会の祈り」を唱えて祝うことの適不適を決めるにあたっては、共通善と会衆の真の信心を考慮に入れるべきであって、司式者の都合だけを考えてはならない。

221.　同一の日にいくつかの任意の記念が重なる場合、そのうちの一つだけを選び、他は省く。

222.　祭日は、そして祭日だけは、典礼注記に従って他の日に移動させることができる。

158　第二バチカン公会議『典礼憲章』111 参照。

223. 以下の規則は一般ローマ暦に記されている聖人にも、特殊暦に記されている聖人にも適用される。

224. 聖人の固有の部分が欠けている場合には、「祝日共通」の中の該当するもので補う。

1 祭日における「教会の祈り」の唱え方

225. 祭日の前日には「前晩の祈り」がある。

226. 「前晩の祈り」と「晩の祈り」にはともに固有の賛歌、先唱句と交唱、「神のことば」と答唱、結びの祈願がある。固有のものがないときは「祝日共通」から選ぶ。「前晩の祈り」の二つの詩編は一般に古い伝統に従って賛美の歌（ラウダーテ）の系列に属する詩編（112、116、134、145、146、147）の中から選ぶ。新約の歌はその箇所に示されている。「晩の祈り」では詩編と賛歌は固有のものを用いる。共同祈願には固有のものと共通のものとがある。

227. 「朝の祈り」には固有の賛歌、先唱句と交唱、「神のことば」と答唱、結びの祈願がある。詩編は「年間共通」詩編書の第1主日のものを用いる。共同祈願には固有のものと共通のものとがある。

228. 「読書」では賛歌、先唱句と詩編、朗読と答唱などのすべてが固有である。第1朗読は聖書、第2朗読は聖人言行録である。特定地域でのみ崇敬されている聖人で、その地方の固有の式文にも特別のものがない場合は、すべて「祝日共通」から選ぶ。
　「読書」の終わりには賛美の賛歌（テ・デウム）と固有の祈願を唱える。

229. 「昼の祈り」すなわち3時課、6時課、9時課では他に指示がないかぎり、毎日の賛歌を唱える。詩編は固有の先唱句とともに補充詩編の中から選ばれている。しかし主日には詩編は「年間共通」詩編書の第1主日より選ぶ。「神のことば」と「結びの祈願」は固有である。しかしいくつかの主の祭日に

は特別の詩編を唱える。

230.　「寝る前の祈り」はすべて主日と同じで、それぞれ「前晩の祈り」および「晩の祈り」のあとに唱える。

2　祝日における「教会の祈り」の唱え方

231.　主の祝日が主日と重なる場合を除き、祝日には「前晩の祈り」はない。「読書」、「朝の祈り」、「晩の祈り」はすべて祭日と同じしかたで唱える。

232.　「昼の祈り」すなわち、3時課、6時課、9時課には毎日の賛歌を唱える。特別の理由、あるいは伝統によって固有の先唱句を唱えるよう指示されている場合を除き、詩編と先唱句は週日のものを唱える。「神のことば」と結びの祈願は固有のものを用いる。

233.　「寝る前の祈り」は通常の日と同じように唱える。

3　聖人の記念日における「教会の祈り」の唱え方

234.　義務の記念日と実際に祝われる場合の任意の記念日との間には、特権季節中を除き、「教会の祈り」の唱え方について何の相違もない。

a　通常の日における記念

235.　「読書」、「朝の祈り」、「晩の祈り」において
　a)　それぞれの箇所に指示されている固有の先唱句や固有の詩編がないかぎり、詩編とその先唱句は週日のものを用いる。
　b)　「初めの祈り」の交唱、賛歌、「神のことば」、ザカリヤの歌とマリアの歌の交唱、共同祈願は聖人に固有のものがあればそれを用いる。ない場合は「祝日共通」から選ぶか、あるいは週日のものを用いる。
　c)　結びの祈願はその聖人のものを唱える。

d) 「読書」の中では聖書朗読は答唱とともに継続中の聖書朗読を用いる。第2朗読は聖人言行録で、その後、固有あるいは共通の答唱を唱える。固有の朗読がない場合はその日に配分されている教父の文章を読む。賛美の賛歌（テ・デウム）は唱えない。

236. 「昼の祈り」すなわち3時課、6時課、9時課および「寝る前の祈り」では聖人の記念は行わず、すべて週日のものを唱える。

b　特権季節中の記念日

237. 主日、祭日、祝日、灰の水曜日、聖週間、復活の8日間と重なる記念日は何も祝わない。

238. 12月17日から24日までの週日ならびに降誕の8日間、四旬節中の週日には義務の記念日は祝わない。これは特殊暦を用いるところでも同様である。義務の記念日が偶然四旬節と重なるとき、その年は任意の記念日として取り扱う。

239. これらの季節にその聖人を記念する場合には
a) 「読書」の中では、その季節の固有部にある教父の文書を朗読してその答唱を唱えたあと、固有の聖人言行録とその答唱を加え、聖人の祈願で結ぶ。
b) なお、「朝の祈り」と「晩の祈り」では結びの祈願のあとに結びを省き、（その聖人固有の、または聖人共通の）交唱と聖人の祈願を加えることもできる。

c　聖母の土曜日におけるマリアの記念

240. 年間の土曜日で任意の記念が許されている日には、同じしかたで聖母マリアの任意の記念を行うことができる。その際、朗読は固有のものを用いる。

第3節　典礼暦の使用および「教会の祈り」の全体あるいは一部分を選択する権限

a　典礼暦の使用

241.　歌隊あるいは共同で「教会の祈り」を唱えるときは、特殊暦すなわち教区、修道会、またはそれぞれの教会の暦に従う[159]。修道会会員は司教座教会の献堂記念と、居住地および地域のおもな保護者の記念を祝うことによってその地の教会共同体と一致する[160]。

242.　何らかの名目で聖務日課を唱える義務をもつすべての聖職者あるいは修道者は、自分が所属している典礼以外の様式あるいは暦によって共同で聖務日課に参加したときは、その部分について義務を果たしたことになる。

243.　単独で「教会の祈り」を唱えるときは、固有の祝祭日以外には、その地方の典礼暦と特殊暦のいずれに従ってもよい[161]。

b　聖務日課を選ぶ権限

244.　任意の記念を祝うことが許されている週日には、正当な理由があれば、前述の様式（本総則 234-239 参照）に従って、ローマ殉教録（Martyrologium Romanum）あるいは認可されたその付録に記されているのと同じ日に、その聖人の聖務日課を用いることができる。

245.　祭日、待降節と四旬節と復活節の主日、灰の水曜日、聖週間、復活の8日間、11月2日を除いて、公の理由あるいは信心のため、たとえば巡礼、地方の祝日、聖人の盛大な祭典などの理由のために、信心の聖務を全部あるいは

159　『典礼暦年と典礼暦に関する一般原則』52 参照。

160　同 52 ハ参照。

161　「典礼日の優先順位表」4、8 参照。

一部行うことができる。

c　式文を選ぶ権限

246.　特定の場合、その日に該当する式文と異なる式文を選ぶことができる。ただしその際、各時課の全体の構造を尊重するとともに以下の規則を守る。

247.　主日、祭日、全教会の典礼暦で祝われる主の祝日、四旬節の週日および聖週間、復活と降誕の8日間、12月17日から24日までの週日には、その日の「教会の祈り」に固有あるいは該当する式文を変更することはできない。これらの式文とは、先唱句と交唱、賛歌、朗読（または「神のことば」）、答唱、祈願、そして多くの場合、詩編である。

　その週の主日の詩編の代わりに、適当と判断された場合、他の週の主日の詩編を用いることができる。さらに会衆とともに「教会の祈り」を唱えるときには、詩編の理解を徐々に深めるよう他の詩編を選ぶことができる。

248.　「読書」においては、聖書の継続朗読をつねに尊重しなければならない。「一定の年数を周期として、聖書の主要な箇所が会衆に朗読される」[162] という教会の願望は「教会の祈り」にも当てはまる。

　以上のことを考慮に入れ、待降節、降誕節、四旬節、復活節には「読書」において勧められている聖書朗読の周期を離れてはならない。年間の場合、正当な理由があれば、ある日に、もしくは数日連続して、他の日に指定されている聖書朗読の箇所または、別な聖書朗読の箇所を選んで朗読を行ってもよい。これには、たとえば黙想会や司牧研修会、教会一致の礼拝、その他これに類する集会を挙げることができる。

249.　祝祭日あるいは特別な祭儀のために継続朗読が中断されるときには、同一週内であれば、その週の配分全体を考えて、省略される朗読箇所を他の箇所に合わせたり、どの箇所を優先的に選ぶかを決定したりすることができる。

162　第二バチカン公会議『典礼憲章』51。

250.　同じ「読書」の中では、正当な理由があれば、その日に指示されている第 2 朗読の代わりに、「教会の祈り」の本あるいは任意の朗読書（本総則 161 参照）の中から選んだ同じ季節の朗読を用いることができる。さらに、年間の週日、および適当と判断されるならば、待降節、降誕節、四旬節、復活節にも、聖書と典礼の精神に合致した教父の著作を準継続的に朗読することができる。

251.　特定の季節の週日のために指定されている「神のことば」、また祈願、歌、共同祈願は同じ季節の他の週日にも用いることができる。

252.　各週に配分されている「年間共通」詩編書の全周期を守るよう心掛けなければならないが[163]、霊的、司牧的に適当であれば、特定の日に指定されている詩編の代わりに、他の日の同じ時課に定められている詩編を用いることができる。特殊の機会には、いわば信心の聖務として、その機会にふさわしい詩編および他の部分を選ぶことができる。

163　本総則 100-109 参照。

第5章
「教会の祈り」の共唱の方法

第1節　種々の役割

253.　他の典礼行為と同じく「教会の祈り」の共唱において「役務者であれ信者であれ、各自が自分の職務を果たし、そのことがらの本性と典礼上の規定によって、自らにかかわることだけを、そしてそのすべてを行わなければならない」[164]。

254.　司教が司式する場合、とくに司教座教会では、自らの司祭団と奉仕者に囲まれ、会衆の十全かつ行動的な参加を伴うことが望ましい。会衆が参加する祭儀は通常、司祭または助祭が司式し奉仕者がそれを助ける。

255.　司式する司祭および助祭は、アルバまたはスルプリとストラを着けることができる。司祭はカッパを用いてもよい。荘厳な祭典には、例外的に多数の司祭がカッパを、助祭がダルマティカを着用して参列することもできる。

256.　司式する司祭あるいは助祭は、自分の席で「教会の祈り」の「初め」の唱句を唱え、主の祈りを先唱し、結びの祈願を唱え、会衆にあいさつし、祝福を与え、派遣する。

257.　共同祈願は司祭あるいは司会者が唱えることができる。

258.　司祭および助祭が不在の場合、「教会の祈り」を司会する人は参加者

164　第二バチカン公会議『典礼憲章』28。

の一人であって、内陣には入らず、また会衆にあいさつしたり祝福を与えたり
しない。

259.　　朗読者は適当な所に立って長短いずれかの朗読箇所を読む。

260.　　先唱句、詩編、およびその他の聖書の歌は一人あるいは幾人かの先唱
者が始める。詩編唱和については本総則 121-125 の規定を守る。

261.　　「朝の祈り」と「晩の祈り」で福音の歌が歌われている間、祭壇、次
に司祭と会衆に献香することができる。

262.　　歌隊共唱の義務は共同体に負わされているのであって、祭儀の場所に
関係したことではない。祭儀の場所は教会堂である必要はない。荘厳な儀式を
伴わない時課においてはとくにそうである。

263.　　次の場合は全員起立する。
a)　「初めの祈り」および各時課の「初め」を唱えるとき、
b)　賛歌を歌う間、
c)　福音の歌を歌う間、
d)　共同祈願、主の祈り、結びの祈願のとき。

264.　　福音以外の朗読のときには、座って聞く。

265.　　詩編やその他の歌を先唱句と一緒に唱えるとき、会衆は習慣に従って
座るか、または立つ。

266.　　次の場合、額から胸へ、さらに左肩から右肩へ十字架のしるしをする。
a)　各時課の初めに「神よわたしを力づけ……」を唱えるとき、
b)　福音の歌、すなわちザカリヤの歌、マリアの歌、シメオンの歌を始める
とき。
「初めの祈り」の唱句「神よ、わたしの口を開いてください」を唱えるとき

には、口の上に十字架のしるしをする。

第2節　「教会の祈り」における歌

267.　本総則の典礼注記および規則で用いられている「唱える」（dicere, proferre）ということばは以下に示す原則に従い、歌唱または朗唱を意味する。

268.　「『教会の祈り』を歌で執行することは、この祈りの本質にいっそうかなうことであり、神に賛美をささげる際の荘厳さと心の一致とをいっそう豊かに深く示すものである。したがって……、そのことは『教会の祈り』を歌隊共唱において、または共同で果たす者にせつに勧められる」[165]。

269.　典礼聖歌に関して第二バチカン公会議が述べていることは[166]すべての典礼行為、とくに「教会の祈り」に当てはまる。「教会の祈り」全体また各部分は、一人で唱えるときにも霊的実りが得られるように刷新されたとはいえ、その多くは叙情詩的性格のものであり、歌うことによって初めてその意味が完全に表現されるものである。とくに詩編、歌、賛歌そして答唱はそうである。

270.　したがって「教会の祈り」における歌は、いわば外から祈りに付け加えられた装飾のようなものとして受け取られるべきではない。むしろ歌は神に祈り、神をたたえる人の魂の深みからほとばしり出るものであり、キリスト教礼拝の共同体的性格を完全に余すところなく明らかにするものである。

したがって、このような形式の祈りを可能なかぎりしばしば用いようと努める種々のキリスト信者の共同体は、すべて称賛に値する。そのためにカテケージスと実践によって、聖職者も修道者もまた信者も、とくに祝祭日に喜びをもって「教会の祈り」を歌うことができるよう準備されなければならない。しかし「教会の祈り」全体を歌うのは困難なことであり、他方で教会の賛美はその起源から見ても、本性から見ても、修道者や聖職者が専有すべきものではなく、

165　教皇庁礼部聖省『典礼音楽に関する指針（1967年3月5日）』37（*Musicam sacram*: AAS 59 [1967], 310）。第二バチカン公会議『典礼憲章』99 参照。

166　第二バチカン公会議『典礼憲章』113 参照。

全キリスト教共同体に属するものであるから、「教会の祈り」が正しく、真実をもって、美しく歌われるためには、多くの原則を同時に念頭に置かなければならない。

271.　まず、少なくとも主日と祝日に歌を用い、それによって荘厳さの種々の段階が区別されるのがよい。

272.　　また、すべての時課が同じ重要性をもつものではないので、真に「教会の祈り」の枢軸である「朝の祈り」と「晩の祈り」を歌によって浮き彫りにすることはよいことである。

273.　「教会の祈り」全体の歌唱が芸術的にも霊的にも格調のあるものならば、それが勧められる。しかし、時には効果を上げるために、「段階的」荘厳化の原理を適用することができる。それには実践的な理由のほかに、典礼祭儀の種々の要素を区別なく均等に扱うのではなく、それぞれ本来の意味と機能を発揮できるようにするという理由も挙げることができる。このようにして「教会の祈り」は、人々の賛嘆の的となるために、あたかも過去の時代の美しい記念碑のように何一つ変更せずに保存すべきものとみなされるのではなく、むしろ新しい生命力を得て進歩し、生き生きとした共同体の表現となることができるのである。

　したがって「段階的」荘厳化の原則とは、「教会の祈り」全体を歌うことと全部を単に唱えることの間にいくつかの段階を認めることを意味している。この方法を適用することによって、「教会の祈り」に多くの、また有益な多様性をもたらす。どの部分を歌うかを決めるにあたり、その日とその時課の特色、「教会の祈り」を構成している各要素の性質、また共同体の人数や性格、さらにその機会に集まることのできる先唱者の数を考慮すべきである。

　このような柔軟性の拡大によって、教会の公的な賛美は以前よりもしばしば歌で行われ、また多くの方法でさまざまな事情に適応できるようになる。こうしてつねに教会の歴史に起こったように、現代のためにも新しい道、新しい形態を発見する少なからぬ希望がわき起こってくる。

274.　ラテン語で歌われる典礼行為においては、グレゴリオ聖歌はローマ典礼の固有の歌として他の同等のものに対して第一位を占めるべきである[167]。しかし「典礼行為そのものの精神とその各部分の性質に適合するものであって、会衆の正しい行動的参加を妨げないものならば、教会はいかなる種類の教会音楽をも典礼行為から遠ざけるものではない」[168]。「教会の祈り」を歌うとき、指定されている先唱句や交唱のための旋律がない場合には、本総則113、121-125の規則にかなった他の適当な先唱句や交唱を交唱集から選ぶ。

275.　「教会の祈り」は国語で行うことができるので、「国語による『教会の祈り』の歌唱において用いられる旋律を作曲するよう適切な配慮をすべきである」[169]。

276.　しかし、同一の祭儀において、ある部分が他の言語で歌われても少しも差し支えない[170]。

277.　どの要素を優先的に歌うかは典礼祭儀を正しく秩序づけることによって決まるもので、そのためには各部分と歌の意味、および性質を適切に判断しなければならない。中にはもともと歌うべきものもあるからである[171]。そのようなものとして、応唱、司祭や司会者のあいさつや連願形式の祈りの中の答唱句、さらに先唱句と詩編、唱句、反復答唱句、賛歌、そして歌が挙げられる[172]。

278.　ユダヤ教とキリスト教の伝統が証明しているように、詩編は音楽と密接な関係にある（本総則103-120参照）。実際、多くの詩編を十分に理解するためには、それを歌うか、少なくとも詩的、音楽的観点から考察することは少なか

167　第二バチカン公会議『典礼憲章』116 参照。

168　教皇庁礼部聖省『典礼音楽に関する指針（1967 年 3 月 5 日）』9（*Musicam sacram*: AAS 59 [1967], 303）。第二バチカン公会議『典礼憲章』116 参照。

169　教皇庁礼部聖省『典礼音楽に関する指針（1967 年 3 月 5 日）』41. 54-61（*Musicam sacram*: AAS 59 [1967], 312, 316-317）も参照。

170　同 51（*Ibid.*, AAS 59 [1967], 315）。

171　同 6（*Ibid.*, AAS 59 [1967], 302）参照。

172　同 16a、38（*Ibid.*, AAS 59 [1967], 305, 311）参照。

らず有益である。したがって、できれば少なくとも重要な日、重要な時課に、詩編の本来の性質に従って歌うことが望ましい。

279.　上記本総則 121-123 に詩編唱和の種々の方法が述べられているが、外的状況ばかりでなく、同一祭儀内における詩編の種類に応じて多様性をもたせるように努めるべきである。たとえば教訓的あるいは歴史的詩編はおそらく聞いたほうがよいが、逆に賛美や感謝の詩編はその性質上共同で歌うほうがよい。いずれにしても次の一点は非常に重要である。すなわち画一的な祭儀や気を遣うばかりの祭儀、つまり単に形式的な規則の遵守を旨とする祭儀に甘んじることなく、真実に合致したものとすることである。第一に求めなければならないことは、人々が教会の純粋な祈りに接すること、そして神への賛美を楽しいものとすることにあるからである（詩編 146 参照）。

280.　賛歌も教理的、芸術的に優れたものであれば、「教会の祈り」を唱える者の祈りを豊かにすることができる。しかし、賛歌はそれ自体歌うためのものであるから、共同体的祭儀においては、可能なかぎり歌うようにする。

281.　本総則 49 で説明されている「朝の祈り」と「晩の祈り」の朗読後の答唱はもともと会衆によって歌われるべきものである。

282.　「読書」の中の朗読後の答唱は、その性質上また機能上、歌われるべきものである。しかし、答唱はこの聖務の構造の一要素になっているため、一人で個人的に唱えるときでもその意義を失わない。ただし、たびたび歌うことができる歌は、典礼の遺産の中に見いだされるものよりは、もっと単純で容易な旋律のついたものになるだろう。

283.　朗読はその長短にかかわらず、本来歌うためのものではない。朗読するときには、ふさわしい態度ではっきりとことばを区切り、全員が朗読を実際に聞き、正しく理解できるよう、十分配慮しなければならない。したがって朗読においては、ことばを聞き取りやすくし文章の理解を助ける旋律だけを用いることができる。

284.　祈願のように司式者だけが唱える式文は、とくにラテン語で美しく上手に歌うことができる。しかし、このことは、歌うことによって式文のことばが皆にもっと明らかに聞き取れるようになるのでなければ、ある国語では実行は難しいかもしれない。

教会の祈りの総則 事項索引
（数字は総則の項番号）

た行

な行

教会の祈り　式次第

初めの祈り（「朝の祈り」あるいは「読書」の前に唱える）

初めの唱句

司　神よ、わたしの口を開いてください。

答　わたしはあなたに賛美をささげます。

詩編交唱

（「初めの祈り」のあとは「初め」を省いて「賛歌」に続く）

読　書	朝の祈り	昼の祈り	晩の祈り	寝る前の祈り
初め	初め	初め	初め	初め
賛歌	賛歌	賛歌	賛歌	良心の糾明
詩編唱和	第一唱和	詩編唱和	第一唱和	回心の祈り
第一詩編	詩編	第一詩編	詩編	賛歌
第二詩編	第二唱和	第二詩編	第二唱和	詩編唱和
第三詩編	旧約の歌	第三詩編	詩編	詩編
唱句	第三唱和	神のことば	第三唱和	神のことば
読書	詩編	唱句	新約の歌	答唱
第一朗読	神のことば	結びの祈願	神のことば	福音の歌
答唱	答唱	結び	答唱	シメオンの歌
第二朗読	福音の歌		福音の歌	結びの祈願
答唱	ザカリヤの歌		マリアの歌	祝福
（賛美の賛歌）	共同祈願		共同祈願	結びの歌
結びの祈願	主の祈り		主の祈り	
結び	結びの祈願		結びの祈願	
	派遣の祝福		派遣の祝福	
	または　結び		または　結び	

【付録】第二バチカン公会議『典礼憲章』抜粋（第4章全文）

第4章　聖務日課

キリストと教会の働きである聖務日課

83　新しい永遠の契約の最高の祭司であるキリスト・イエスは、人間性を取り、あらゆる時代を通じて天の住まいにおいて歌われているあの賛歌を、この追放の地にもたらされた。キリストは、全人類共同体をご自分に結びつけ、この神への賛美の歌をご自分とともに歌うようにしてくださった。

　実に、キリストはこの祭司としての職務を、ご自分の教会を通して果たし続けておられる。この教会は、感謝の祭儀を祝うだけでなく、他の方法によっても、とくに聖務日課を果たすことによって主を絶え間なく賛美し、全世界の救いのために執り成すのである。

84　聖務日課は、古来のキリスト教の伝統によって、神への賛美を通して昼も夜も一日のすべてが聖別されるように構成されている。このたえなる賛美の歌が、司祭によって、また教会の定めによってこれをゆだねられた人、あるいは認可された形式に従って司祭とともに祈るキリスト信者によって正しく唱えられるとき、それは花婿に語りかける花嫁の声そのものであり、まさに自らのからだとともに御父にささげられるキリストの祈りでもある。

85　したがって、これを唱えるすべての人は、教会の務めを実行し、キリストの花嫁の最高の栄誉にあずかる。それは、神に賛美をささげる人は、母なる教会の名によって神の玉座の前に立つからである。

聖務日課の司牧的意味

86　聖なる司牧の奉仕職に携わる司祭は、「たえず祈りなさい」（一テサロニケ5・17）というパウロの勧めを守る必要があることをいっそう強く自覚することによって、より大きな熱意をもって時課の賛美をささげることになる。それは、「わたしを離れては、あなたがたは何もできない」（ヨハネ15・5）といわれた主

だけが、彼らの携わる働きに効果と発展をもたらすことができるからである。そのために、使徒たちは助祭を任命して次のようにいった。「わたしたちは、祈りとみことばの奉仕に専念することにします」（使徒言行録6・4）。

87　聖務日課が、司祭によっても教会に属する他の人々によっても、状況に応じてよりよく、いっそう完全に果たされるよう、聖なる公会議は、幸いにも使徒座によって着手された刷新を継続し、ローマ典礼様式に基づく聖務日課について以下のことを決定する。

伝統的な諸時課の流れの刷新

88　聖務日課の目的は一日の聖化であるので、伝統的な諸時課の流れを改訂し、できるかぎり諸時課の本来の時刻が復元されるようにしなければならない。また同時に、とくに使徒職に携わる人々の置かれている今日の生活状況も考慮しなければならない。

聖務日課の刷新のための規定

89　したがって、聖務日課の刷新にあたり、以下の規定が守られなければならない。

　a　賛課は朝の祈りとして、晩課は晩の祈りとして、普遍教会の尊敬に値する伝統によって、毎日の聖務日課の二大枢軸、主要時課とされ、またそのようなものとして行われなければならない。

　b　終課は、一日の終わりにふさわしいものとなるよう構成されなければならない。

　c　朝課と呼ばれる時課は、歌隊共唱においては夜の賛美としての性格を保つとしても、一日のどの時刻にでも唱えることができるよう、また、より少ない詩編とより長い朗読によって構成するよう適応させなければならない。

　d　1時課は廃止される。

　e　歌隊共唱においては、3時課、6時課、9時課の小時課が守られなければならない。歌隊共唱以外においては、日中の時刻により適した時課を三つの中から一つ選ぶことが許される。

信仰心の源泉である聖務日課

90　さらに、聖務日課は教会の公の祈りとして、信仰心の源泉であり個人の祈りの糧であるので、司祭と聖務日課に参加する他のすべての人は、これを果たすにあたり、心を声に合わせるよう主において切に求められる。このことをよりよく実現するために、典礼と聖書、とくに詩編に関するいっそう豊かな教養を身に着けなければならない。

　また、刷新を実行するにあたっては、聖務日課をゆだねられたすべての人がより広くしかも容易に活用することができるよう、数世紀にわたるあの尊敬すべきローマ聖務日課の宝庫を適応させなければならない。

詩編の配分

91　第89条で提示された一連の時課を実際に守ることができるようにするために、詩編はもはや1週間ではなく、より長い期間にわたって配分されなければならない。

　幸いにも着手された詩編書の改訂作業が、キリスト教的ラテン語の特徴、歌も含めた典礼でのその用途、そしてラテン教会の伝統全体を考慮して、できるだけ早くなし遂げられなければならない。

読書のための規定

92　読書に関しては以下のことを守らなければならない。

　a　聖書の朗読は、神のことばの宝庫にいっそう広い範囲で容易に近づくことができるよう整えられなければならない。

　b　教父、教会博士、教会著作家の作品から抜粋される朗読は、よりよく選択されなければならない。

　c　聖人たちの受難記録すなわち伝記は、歴史的事実に従わなければならない。

賛歌の改訂

93　賛歌は、役に立つと思われるかぎり、神話的な内容をもつものやキリスト教の信仰心にあまりふさわしくないものを取り去るか変更して、本来の姿に復元させなければならない。適当であれば、賛歌の宝庫にある他の賛歌を採用し

なければならない。

時課を唱える時刻

94　一日を真に聖化するためにも、時課そのものを霊的実りをもって唱えるためにも、時課の務めを果たすにあたり、教会法上の各時課の本来の時刻にもっとも近い時刻が守られなければならない。

聖務日課の義務

95　歌隊共唱の義務がある共同体は、修道院のミサのほかに、毎日、聖務日課を歌隊共唱で唱えなければならない。さらに、

　a　祭式者修道会、隠世修道士会、隠世修道女会、および法もしくは会憲によって歌隊共唱の義務をもつ他の盛式修道会は、全聖務日課を唱える。

　b　司教座聖堂祭式者会あるいは団体的教会祭式者会は、一般法あるいは局地法によって自らに課せられた聖務日課の部分を唱える。

　c　上記の共同体の成員で上級叙階を受けた者、あるいは盛式誓願を宣立した者はすべて、一般修士を除いて、歌隊共唱で唱えなかった教会法上の諸時課を単独で唱えなければならない。

96　歌隊共唱の義務をもたない聖職者は、上級叙階を受けているなら、第89条の規定により、共同あるいは単独で、毎日、全聖務日課を唱える義務を果たさなければならない。

97　聖務日課を典礼行為によって代替することが適当である場合は、典礼注記によって規定されなければならない。

　個々の場合、正当な理由があれば、裁治権者は自らの従属者に対して、聖務日課を唱える義務をすべてあるいは部分的に免除するか、あるいはこれを他のもので代替することができる。

98　完徳を志す身分に属するいかなる会の会員も、会憲によって聖務日課のある部分を果たす場合、教会の公的な祈りを果たすことになる。

　同様に、会憲によって何らかの小聖務日課を唱えるとき、それが聖務日課の

様式に倣って作られ、正式に認可されたものであるなら、教会の公的な祈りを
果たすことになる。

共同体で唱える聖務日課

99　聖務日課は、教会すなわち神を公的にたたえる全神秘体の声であるので、
歌隊共唱の義務をもたない聖職者も、またとくに司祭が共同生活をしていたり
一同に集まったりする場合、少なくとも聖務日課のある部分を共同で唱えるこ
とが望ましい。

　歌隊共唱で唱えるにしても共同で唱えるにしても、聖務日課を果たすすべて
の人は、自分にゆだねられた任務を、内的な信心によっても外的な振る舞いに
よっても、できるかぎり完全に果たさなければならない。

　さらに、歌隊共唱で唱えるにしても共同で唱えるにしても、適当であれば聖
務日課を歌うことが望ましい。

聖務日課への信徒の参加

100　司牧者は、主要な時課、とくに晩の祈りが、主日と祝祭日に教会におい
て共同で執り行われるよう配慮しなければならない。信徒自身も、司祭ととも
に、または互いに集まって、あるいは各自単独であっても、聖務日課を唱える
ことが勧められる。

聖務日課の言語

101　§1　ラテン典礼様式の数世紀に及ぶ伝統に従って、聖職者は聖務日課
においてラテン語を守らなければならない。しかし、ラテン語の使用が聖務日
課を果たすための重大な妨げとなる聖職者には、個々の場合に、第36条の規
定によって作られた国語訳の使用を認める権能が裁治権者に与えられている。

　§2　隠世修道女、また完徳を志す身分の会に属する聖職者ではない男子会
員もしくは女子会員は、聖務日課を歌隊で唱える場合も、翻訳が認可されてい
るかぎり、権限を有する上長から国語を使用する許可を受けることができる。

　§3　聖務日課の義務をもつ聖職者はだれでも、信者の集いとともに、ある
いは§2で挙げられた人々とともに聖務日課を国語で唱える場合、翻訳が認可
されているかぎり、自らの義務を果たすことになる。

事前に当協議会事務局に連絡することを条件に、通常
の印刷物を読めない、視覚障害者その他の人のために、
録音または拡大による複製を許諾する。ただし、営利
を目的とするものは除く。なお点字による複製は著作
権法第37条第1項により、いっさい自由である。

教会の祈りの総則

2023年6月16日　発行　　　　　　日本カトリック司教協議会認可

翻訳
編集　日本カトリック典礼委員会

発　行　カトリック中央協議会
　　　　〒135-8585　東京都江東区潮見 2-10-10 日本カトリック会館内
　　　　☎03-5632-4411（代表）、03-5632-4429（出版部）
　　　　https://www.cbcj.catholic.jp/

印　刷　大日本印刷株式会社

乱丁本・落丁本は、弊協議会出版部あてにお送りください
弊協議会送料負担にてお取り替えいたします